Tu tigre interior

Inspirador libro infantil
para que jóvenes lectores
descubran sus capacidades

ELISABETH ZWISCHENBERGER

Tu tigre interior

Editor: lovelypubli GmbH, Michaelkirchplatz 1, 10179 Berlín
Autor: Elisabeth Zwischenberger
Traducción: Leonor B. Ruiz
Edición, corrección: Miriam Brandon
Ilustraciones: Anastasia Khmelevska
Diseño de portada: Solimar Herrera
Diseño de libro: Chartini Arie
Distribución: Amazon KDP Publishing
ISBN Softcover: 978-3-9823346-7-7
ISBN Hardcover: 978-3-9823346-8-4

Índice

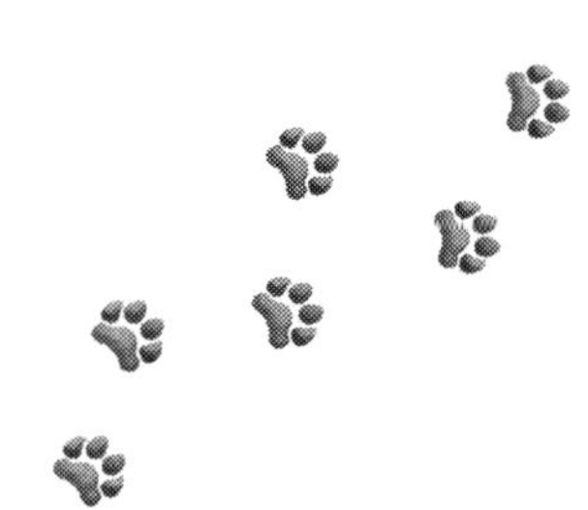

Nota de edición: Este libro está dirigido a los niños y a las niñas por igual. Aunque se procura utilizar un lenguaje inclusivo lo máximo posible, en ocasiones se ha decidido usar términos masculinos como "niños", "niño" o "adulto" con el único propósito de facilitar la lectura y, en ningún caso, debe ser considerado una falta de respeto al lector o un lenguaje no inclusivo. ¡Muchas gracias por su comprensión!

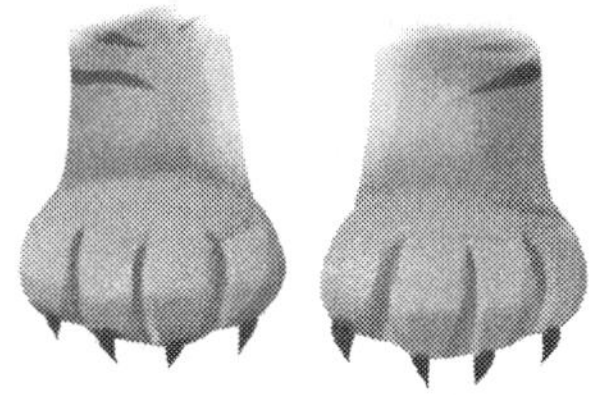

Prólogo

¿Has visto alguna vez un tigre? Tal vez has visto a esos grandes felinos en el zoo. Pero es más probable que los hayas visto en libros, en Internet o en la televisión. Ahora, imagina un tigre en plena naturaleza. Sigiloso, se arrastra por la maleza de una densa selva india. Su pelaje rojo y dorado resplandece bajo la luz del sol y entre las verdes plantas. Sus ojos brillan con determinación. El tigre recorre su territorio para protegerlo. Aunque es amante de la paz y

nunca iniciaría una pelea sin motivo, los demás animales le temen. Sus movimientos tranquilos, su mirada vigilante y su actitud paciente y persistente transmiten a todos los que lo miran que el tigre es el rey. Y así es como este majestuoso animal no tiene enemigos naturales.

¿Por qué te digo esto? Porque también hay un tigre en ti. Tú puedes ser tan valiente, fuerte y decidido como un tigre que defiende su territorio. O, tal vez, prefieras quedarte en un segundo plano, observando y evaluando una situación, como un tigre que siempre vigila su entorno. Puedes ser tan salvaje, energético y aventurero como un tigre al acecho. O, quizás, prefieras ser amable, tranquilo y paciente, como una madre tigre que cuida de sus cachorros.

¿Aún no has descubierto tu tigre interior? Puede ser que se esconda detrás de una densa mata de dudas, miedos o ira. O bien, puede que esté dando vueltas en silencio, a la espera de pasar a la acción. No importa dónde esté, siempre está ahí, y se presentará ante ti cuando lo necesites.

En las historias de este libro, conocerás a niños y a niñas muy diferentes. Probablemente, te reconocerás en una o dos situaciones. ¿Quizás tú también tienes grandes sueños que hacen reír a algunos adultos? Si es así, podrás explorar la "Cabeza en las nubes" junto a Nicolás. Puede que descubras que tienes más posibilidades de hacer realidad tus sueños de lo que pensabas. ¿O tienes la sensación de que eres diferente a tus compañeros? Tal vez tengas una ligera discapacidad, como Julián, o dificultades para adaptarte a tu nueva clase después de una mudanza. Si es así, acompaña a Estrella en su viaje por el universo y experimenta cómo se mezcla con coloridos alienígenas. Quizás conozcas la sensación de que todo el mundo tiene diferentes expectativas sobre lo que debes hacer. A veces, casi no hay tiempo para seguir el ritmo con los deberes, las aficiones, los amigos y la familia. Me pregunto qué pasaría si la vida transcurriera a velocidad acelerada y se pudiera hacer todo el doble de rápido. Mario te lo mostrará.

Por muy diferentes que sean los niños, todos tienen algo en común. Todos son capaces de descubrir y utilizar sus puntos fuertes, tanto si se trata de creatividad, de probar nuevas ideas, de sentir compasión por otras personas y animales, o de tener valor para defenderse a sí mismos y a sus opiniones. Al igual que un tigre conoce sus puntos fuertes, habilidades y destrezas y sigue su propio camino sin inmutarse, los niños que aparecen en este libro aprenden a confiar en su voz interior. Al fin y al cabo, esa es la voz de su tigre interior y tú también puedes descubrir el tigre que vive en ti.

Red de Mentiras

-¡Sofía, Sofía, Sofía! Los gritos de alegría resonaban por el patio del colegio. Al principio, Sofía solo quería ver el nuevo parque infantil con su amiga Diana. Pero a Diana se le unió su hermana mayor, Alma. Y a Alma se le unió su vecina Marta. Y a Marta se le unió su amigo Enrique. Y a Enrique se le unió su hermano Pascal. Y ahora estaban todos de pie animando a Sofía para que se atreviera a probar las cuerdas para trepar. Pero aquella no era una algarabía positiva. Era ese tipo de griterío en el que te ríes de la otra persona. Ahí, cada grito significaba: “¡No tienes agallas!”.

—¡Sofía, Sofía, Sofía!

Los gritos resonaban en los oídos de Sofía. Sus ojos se posaron en aquella estructura de cuerdas que, como una gigantesca tela de araña, se elevaba muy por encima de su cabeza hacia el cielo. Si se subía en ella, no podría caer demasiado lejos. Las tensas cuerdas acabarían por atraparla. Pero Sofía no se atrevía a subir. Sus rodillas temblaban ante la sola idea de trepar la enorme red. ¿Qué debía hacer?

Al volver de las vacaciones de verano, los niños se llevaron una agradable sorpresa al descubrir un nuevo parque infantil en medio del patio de su escuela. Todos corrieron a subirse a las cuerdas para trepar. Diana subió hasta lo más alto.

—¡Soy la reina del mundo! —gritó mientras movía su mano.

Enrique subió hasta la mitad antes de dar un valiente salto en la arena bajo sus pies. Incluso Marta se atrevió a subirse a las cuerdas, aunque hizo todo lo posible para no dar demasiados pasos. Después de los primeros avances, había decidido engancharse con los brazos y las piernas y colgarse en la red como en una hamaca. Sofía ni siquiera se atrevió a hacer eso. Pero, por supuesto, nunca lo admitiría.

Pero ese día no tenía escapatoria. Todos los ojos estaban puestos en ella. Sofía sabía que no había que mentir, pero también sabía que los adultos a menudo lo hacían.

—Las mentiras blancas están permitidas —decían.

¡Y eso era una emergencia, claramente! Por supuesto, también podía echarse atrás o admitir su miedo y que el resto de los niños la llamaran cobarde durante todo el año escolar. Ella no quería eso y había decidido que era mejor soltar una mentira piadosa.

—Chicos, ¿en serio? —Sofía interrumpió los impacientes gritos de los otros niños—. ¿Queréis que me suba a esta pequeña estructura de cuerdas para trepar? ¡Eso es ridículo! Soy campeona regional de escalada. Solo que no os lo he dicho porque no quería presumir. Estabais tan felices con estas cuerdas que no quería estropear vuestra diversión. Pero para quien trepa por el techo de una sala de escalada, algo como esto es cosa de niños. Lo siento, pero puedo pasar mis descansos de otra manera. Ya hago suficiente escalada en mi tiempo libre.

Con el corazón acelerado, Sofía se atrevió a echar una rápida mirada a las caras de sorpresa de los otros niños. Antes de que alguien hablara, se dio la vuelta y se dirigió hacia el edificio de la escuela. El timbre tenía que sonar en cualquier momento. A Sofía pocas veces un descanso le había parecido tan largo.

—¿Qué quieres decir con que eres campeona regional? ¿Cómo es que nunca nos lo has dicho? — preguntó Marta antes de que los niños entraran en clase.

La noticia corrió como un reguero de pólvora por la escuela. Sofía suspiró. Debería haberlo adivinado.

—Bueno, eso fue hace un año. Probablemente me olvidé de decírtelo —explicó Sofía.

Marta era nueva en la clase 4º C y aún no conocía todas las aficiones de sus nuevos amigos de colegio. La explicación de Sofía le pareció creíble.

—¿Puedo ir contigo cuando vayas a escalar? —murmuró bajo la esquina de un pañuelo que se colocaba sobre la cabeza.

Sofía sabía que Marta era un poco tímida y no quería darle una brusca contestación negativa.

—Sí, ya veremos.

Pero Marta no era la única que sentía curiosidad. A menudo, los demás niños le hacían preguntas a Sofía sobre su afición.

—¿Qué se siente cuando te caes? ¿De verdad te cuelgas en el aire con una cuerda? ¿Qué hay que hacer para ser campeona?

Con cada pregunta que Sofía respondía, su red de mentiras se hacía más y más grande. Y con cada historia que contaba, subía el listón un poco más para la siguiente mentira. Se inventaba historias aventureras sobre cómo se había colgado de una cuerda a muchos metros del suelo, como si estuviera en un columpio. También pensó en las difíciles pruebas y torneos que había que superar para convertirse en una campeona.

—Trepar boca abajo haciendo el pino a lo largo de una pared sigue siendo uno de los ejercicios más fáciles —presumió Sofía.

—¿Puedes mostrarnos algunos trucos después de la escuela? Por favor, por favor —suplicó Diana.

—Hoy no puedo. Tengo que ir a recoger a mi hermano a la guardería. Quizás mañana.

Cuantas más historias se le ocurrían, más fácil le resultaba mentir. "Mañana puedo vendarme el tobillo con las viejas vendas de mamá. Entonces tendría una buena razón para no mostrar mis habilidades de escalada", pensó.

Unos días después, Sofía ya había inventado varias versiones para trepar cuerdas que superaban con creces al juego de escalada del patio del colegio. Pero el juego de cuerdas de mentiras de Sofía no era fácil de desmontar porque era invisible. Solo existía en su cabeza y nadie más lo conocía.

El primer día había disfrutado inventando nuevas historias y siendo admirada por sus dotes para la escalada. Pero el segundo día ya no sabía exactamente lo que había contado el día antes. Y al tercer día, su entramado de mentiras ya la superaba. Tenía la sensación de que estaba obligada a mentir cada vez más, hasta que se sintió mareada y aquel juego de cuerdas amenazó con derrumbarse bajo sus pies.

Al cuarto día ocurrió algo inusual. Todo comenzó con un golpe en la puerta del aula. La puerta se abrió y el señor Del Toro, visiblemente molesto, entró a trompicones. Era la primera persona que Sofía conocía cuyo nombre le venía como anillo al dedo, porque el señor Del Toro parecía un toro. Era tan alto que no podía pasar por la puerta sin tener que agacharse. Sus camisetas demasiado ajustadas dejaban ver sus brazos tatuados. En el centro de la parte superior de su brazo tenía tatuado un gran toro.

—Esto es para que no olvidéis mi nombre — había bromeado con los niños durante su primera lección.

Los niños nunca hubieran olvidado ese nombre tan fácil de recordar y les sorprendía el carácter tranquilo y relajado del hombre. Todos disfrutaban con sus clases. Pero ese día, el modo en que el señor Del Toro entró en clase no era calmado.

—¿Estás bien, Clemente? —preguntó la profesora de lengua, la señora Lara, mirando a su compañero por encima del borde de sus gafas de lectura.

—Sí, sí, todo está bien, Martina. Solo necesito...—el señor Del Toro se calló para, a continuación, hablar con su familiar voz profunda y tranquila —. Siento molestarte. Tengo un problema y necesito tu ayuda. Mi problema está sentado en la sala de profesores, sobre mis papeles para ser precisos. Desgraciadamente, no hay nadie que pueda ayudarme ahora mismo. Esperaría y no te molestaría en clase, pero tengo un rato libre y necesito repasar esos papeles ya.

¡Eres más fuerte
que tu miedo!

—Pero, ¿cuál es el problema? —preguntó la señora Lara sin poder explicarse qué era aquello que preocupaba tanto a su compañero.

—¡Ágata! —respondió el señor Del Toro.

—¡Vaya, Ágata! —repitió suavemente la señora Lara.

—Ágata es una araña que vive desde hace tiempo en la sala de profesores —explicó el señor Del Toro a los niños.

Pascal se rió a carcajadas.

—¿Los toros no comen arañas? —dijo Diana.

—No, gracias. No necesito comerme una araña. Las arañas me dan miedo. ¿Quizás uno de vosotros quiera rescatarme y sacar a Ágata fuera?

—¡Yo!

El dedo de Sofía se disparó. No tenía miedo a las arañas. Todo lo contrario, desde que su hermano mayor quiso tener una tarántula, ella también se interesaba por los animalitos de ocho patas.

—¡Eres mi heroína! —dijo bromeando el señor Del Toro.

Ya en la sala de profesores, el señor Del Toro esperó a una distancia prudencial de dos metros mientras Sofía sacaba a la araña al exterior con la ayuda de un vaso y un papel. Pero Sofía no se sentía como una heroína. La naturalidad con la que el señor Del Toro había confesado su miedo y pedido ayuda la preocupaba. Aquello era bastante valiente.

Cuando los dos salieron al patio para liberar a Ágata en la naturaleza, Sofía se armó de valor.

—¿No cree que su miedo a las arañas es negativo? Quiero decir, seguro que también se han reído de usted por ello, ¿no?

—No, no creo que sea malo. Todos tenemos nuestros miedos. A veces la gente se ríe de que un toro tan grande como yo tenga miedo de animales tan pequeños. Tengo que admitir que debe ser una imagen graciosa cuando un gigante como yo se sube a una mesa porque una pequeña araña pasa arrastrándose por el suelo. Pero nadie se burla de mi miedo. Al contrario, mucha gente te respeta aún más si defiendes tus miedos y debilidades. Tratar de ocultar tus miedos y manías no solo es un inconveniente,

sino también una vergüenza. Al hacerlo, no te muestras a los demás. Las debilidades te pertenecen tanto como las fortalezas. Y el miedo forma parte de ti tanto como el valor. ¿Por qué lo preguntas? —contestó el señor Del Toro tras pensarlo unos instantes.

Sofía se quedó pensando en la araña que tenía en la mano. El señor Del Toro tenía razón, claro que sí.

—Yo también tengo un problema.

Y entonces Sofía le contó a su profesor su mentira, que se había hecho cada vez más grande. Le habló sobre su miedo a escalar y el miedo a que se rieran de ella. El señor Del Toro escuchó con atención.

—Tengo una idea —dijo el profesor cuando Sofía terminó de hablar—. Vamos, dejaremos a Ágata por allí.

Sofía siguió a su profesor hasta las cuerdas de escalada.

—Tú sube un poco en las cuerdas y yo...

Sofía lanzó una mirada de preocupación a su profesor.

—¡Le he dicho que no sé escalar!

—Sí, pero me quedaré contigo y podré sujetarte. Con un toro a tu lado, no te puede pasar nada — intentó tranquilizarla el señor Del Toro.

Sofía tuvo que sonreír. Agarró la primera cuerda con tanta fuerza que sus nudillos sobresalían. Con cuidado, puso un pie en las cuerdas. Sus piernas comenzaron a temblar. Rápidamente miró al señor Del Toro, quien la animó.

—¡Genial! El primer paso siempre es el más difícil, pero ya lo has dado. Puedes hacerlo.

A cada paso, Sofía sentía que sus temores desaparecían. Si conseguía progresar, el cuento de la escalada dejaría de ser mentira. La red de mentiras se encogería y se haría más pequeña.

—Ahora dejaré a Ágata en libertad. Deséame suerte —informó el señor Del Toro tras unos minutos.

Con la punta de sus dedos, el señor Del Toro retiró el papel del vaso y miró a aquel animal de piernas largas.

—¡Ágata le tiene más miedo a usted que usted a ella! —dijo Sofía, tranquilizando a su profesor.

Antes de poder cambiar de opinión, el señor Del Toro dio la vuelta al vaso con un rápido movimiento de muñeca, consiguiendo que la araña se posara en la palma de su mano.

—¡Ay! —. ¡Ya es suficiente!

El señor Del Toro sacudió la mano sobre un arbusto cercano y Ágata desapareció en la vegetación.

Cuando Sofía volvió a entrar en su aula poco después, se sentía invencible. Se había enfrentado con valentía a su mayor miedo. Y eso significaba que también conseguiría enfrentarse a su clase. La señora Lara estaba a punto de quitarse las gafas de leer y recoger su libro de español cuando Sofía habló.

—Quiero decir algo. No soy campeona de escalada. Os mentí porque no quería que os burlarais de mí. De hecho, me da miedo escalar.

¡Ahora estaba todo dicho! La clase se quedó en silencio. Solo se oía el zumbido de una mosca.

—¿Qué pasa hoy? —la señora Lara interrumpió el silencio—. ¿Primero fue el señor Del Toro y ahora tú? ¿Hoy es el día de "me enfrento a mis miedos"? Entonces yo también tengo algo que decir. Me aterroriza el dentista.

De nuevo, Diana y Pascal soltaron una corta risita. Pero las miradas de enfado de los demás consiguieron apagarlas.

—¡Yo también tengo miedo al dentista! —exclamó Alicia, de repente.

—A mí me dan miedo las tormentas —admitió Bruno.

—Me dan un poco de miedo los exámenes —añadió Jazmín.

Entonces, sonó el timbre del recreo. Sofía era incapaz de borrar la sonrisa de su cara. Con el pecho hinchado de orgullo, se dirigió con decisión hacia la estructura de cuerdas para trepar. Y, una vez más, todo el mundo la animó. Pero esta vez era diferente porque sus compañeros iban en serio.

Arropada por los gritos de ánimo de sus compañeros, Sofía subió cada vez más alto. Ahora sabía que podía hacerlo. Después de todo, comparada con su enorme red de mentiras, esa escalada era un juego de niños.

Lo que puedes aprender de esta historia:
¡Eres más fuerte que tus miedos!

La Cabeza en las Nubes

Nicolás abrió los ojos y tardó unos segundos en darse cuenta de dónde estaba. Parpadeó y se estiró con placer. Oyó la lluvia golpear contra los cristales de las ventanas. Y entonces se acordó. Era otro día de lluvia en esas vacaciones de verano y estaba en casa, en el invernadero. Pero eso no suponía ningún problema porque a Nicolás le encantaba aquel lugar. En su cómoda hamaca, rodeado por plantas, podía imaginarse que estaba en medio de un bosque. O incluso perdido en una selva tropical. O en un pequeño pueblo costero con antiguas casas de piedra completamente rodeadas de plantas. A Nicolás le resultaba fácil perderse en todo tipo de ensoñaciones. No importaba dónde estuviera, ni lo que pasara en su vida, en cuanto cerraba los ojos podía evocar los lugares más bellos. En sus sueños, creó un mundo propio. Un mundo sin violencia ni odio ni guerras. Un mundo lleno de felicidad, amor y compasión. Nicolás tenía mucha imaginación. Su imaginación pintaba el mundo con los colores más bonitos del universo. A menudo, Nicolás escuchaba frases como "cumple tus sueños, pero no olvides que no puedes salvar el mundo siendo solo un niño" o "mantén los pies en la tierra".

Con los ojos aún semicerrados, Nicolás intentó saltar de su hamaca, pero no lo consiguió. Desplazó su peso con tanta torpeza que la hamaca se volvió del revés. Nicolás cayó y cayó, y siguió cayendo. Aquella caída libre le hizo despertar. Sus ojos se abrieron de par en par, asustados. Su boca hizo una mueca como si quisiera gritar, pero no consiguió emitir ningún sonido. ¿Qué demonios estaba pasando? El suelo del invernadero no podía estar tan lejos. Todo el invernadero parecía haber desaparecido. Antes de que pudiera pensar con claridad, cayó al suelo con fuerza.

Aturdido, comenzó a explorar su cuerpo. Sorprendentemente, había sobrevivido a la caída y estaba completamente ileso. Solo le dolía un poco el trasero, justo en el sitio dónde se había golpeado. Pero ese parecía ser el menor de sus problemas. Lentamente, se atrevió a levantar la mirada. Ya se había familiarizado con el duro y terroso suelo, pero ¿de dónde venía aquella luz?

Lo primero que vio al mirar a su alrededor fue a él mismo. Sobresaltado, dio un paso atrás. Parecía mirarse en una especie de espejo invisible. A diferencia de los espejos que Nicolás conocía, aquel espejo no tenía cristal. Cuando intentó tocar su reflejo, sus dedos no agarraron nada. Entonces, dio un paso adelante y su reflejo retrocedió. También se dio cuenta de que no había nada más a su alrededor, solo una espesa niebla que lo envolvía todo, excepto a él y a su imagen. Una niebla que emitía una luz lechosa y uniforme.

—¡Bienvenido a "Con la cabeza en las nubes"! ¿En qué puedo ayudar? —sonó una amable voz femenina.

A Nicolás aquel sonido le recordaba a la voz educada, pero monótona, de los recepcionistas y camareros que saludan a la gente siempre con las mismas palabras.

—¿Ayuda? ¿Yo? ¿Quién eres? —tartamudeó Nicolás, algo confundido.

—Has aterrizado en "Con la cabeza en las nubes". Es un placer darte la bienvenida aquí. Yo soy tu cordura. ¿Hay algún motivo en concreto para tu visita? —volvió a hablar la voz amable.

Nicolás no sabía cómo responder a esa pregunta.

—No lo sé. Me caí de mi hamaca y acabé aquí. ¿De qué va todo esto y por qué estoy aquí? Esto no es normal.

—Así que, ¿te parece anormal? —preguntó la voz, ofendida, aunque rápidamente recuperó la compostura y volvió a su educado y monótono tono—. "Con la cabeza en las nubes" es un espacio lleno de posibilidades. Puedes usarlo como quieras, o dejarlo como está. Eso es lo que hace la mayoría de la gente. Después de la visita, vuelven a su propio mundo bastante desilusionados. Pero ya que has levantado bastante polvo al aterrizar, ¿quieres hacerlo?

Nicolás no entendía lo que aquella voz de mujer trataba de decirle.

—¿Qué quieres decir?

—Me refiero a que puedes hacer algo especial, aunque los demás no crean que puedas o no les guste. Y sobre tu reflejo... —la voz se detuvo un momento, como si esperara una disculpa por el descaro mostrado por Nicolás al cuestionar aquel mundo—. Aquí debe haber un reflejo. Este mundo es un reflejo de ti mismo. Nada es diferente aquí con respecto a tu mundo. Cuando tienes una idea y quieres desarrollarla, analizas todas las formas y posibilidades para llevarla a la práctica. Entonces, tu alegría queda reflejada.

Pero cuando dudas, también ves los problemas. Tus preocupaciones se reflejan. Y aquí, sobre el terreno, queda muy claro. Aquí es donde llegas a ser capaz de ver algo con claridad. Aquí están las imágenes del espejo para que todos recuerden que él es la clave. ¿Entiendes?

La voz de la razón calló. Nicolás se alegró de aquella pausa que le daba tiempo a pensar sobre lo que había escuchado. Si había entendido bien a la voz de la razón, en "Con la cabeza en las nubes" no se trataba de abandonar tus sueños. Se trataba de darse cuenta de lo que se podía lograr.

Nicolás sentía que le daba vueltas la cabeza. Estaba tan relajado que podía oír los latidos de su corazón. Entonces, recordó lo que la voz le había dicho unos minutos antes, eso de levantar polvo. Su mirada se posó en la tierra polvorienta y seca. Tal vez podría marcar la diferencia incluso allí. Quizás podría embellecer su propio "Con la cabeza en las nubes". Una vez más, miró a su alrededor. Tenía que haber algo en alguna parte, lo que fuera. Estaba a punto de dar unos pasos para explorar cuando se detuvo

¡Tus ideas
enriquecen
el mundo!

con sorpresa. Apenas podía creer lo que veían sus ojos. A sus pies, una pequeña planta abría el suelo con una fuerza demencial. La brecha se amplió y la pequeña planta se enderezó.

—¡Vaya, una idea! Veo que lo entiendes —la encantada voz de la razón resonó a través de la niebla.

Nicolás no le prestó atención. Solo tenía ojos para la pequeña planta que estaba a sus pies y a la cual podía ver crecer. La planta sacaba una hoja tras otra a una velocidad sorprendente. Pero más inusual aún que la velocidad a la que crecía hasta convertirse en una planta grande y fuerte era el color de sus hojas. Cuando la primera hoja de color verde claro creció, Nicolás todavía creía que se trataba de una planta completamente normal. Pero, entonces, apareció una hoja azul. Y luego una roja. Y una amarilla. En pocos minutos, la planta brillaba con todos los colores del arco iris y sus matices intermedios. Y cuando empezó a florecer, cada pétalo era de un color diferente.

Por fin, Nicolás supo qué hacer. Comenzó a desprender con cuidado las semillas de las flores de aquella planta. Después, cavó pequeños agujeros en la tierra con las manos y colocó una semilla tras otra dentro. No tuvo que esperar mucho para que las semillas germinaran y se convirtieran en magníficos arbustos de colores. Pronto, todo el terreno brillaba con los más bellos colores.

—Veo que tu idea ha crecido —volvió a escuchar a la voz de la razón—. Ya estás preparado para volver a la realidad.

Antes de que Nicolás pudiera responder, se encontró de nuevo en su hamaca.

—¿Qué ha sido eso? —jadeó.

Se despertó de golpe. Al parecer, no se había caído de la hamaca. Tan solo estaba durmiendo. ¿Lo que acababa de vivir había sido solo un sueño? Confundido, se frotó los ojos. Conocía esa sensación que te invade cuando el sueño y la realidad se confunden. A veces, tenía que preguntar a su familia o amigos si realmente había experimentado algo o si era solo un sueño. Decidió que no importaba. Lo importante era lo que había soñado o experimentado. Recordó la voz de la razón diciéndole que él era la clave.

Durante los días siguientes, Nicolás no dejó de pensar en su sueño. ¿Tal vez podría hacer algo en la vida real para que el mundo fuera un lugar mejor? Entonces, lo entendió todo. Podía hacer exactamente lo mismo allí. Nicolás pasó muchas horas en su hamaca con su móvil. Después de un rato sintió que había leído todas las páginas de Internet. Incluso había llamado al alcalde y había hecho unos cuantos carteles.

Cuando tocó volver al colegio, Nicolás no pudo aguantar ni un segundo más. Ya en la primera clase contó a sus compañeros y a su profesor su misteriosa idea, que no tardó en convertirse en el tema de conversación número uno.

El esperado momento llegó al final de la primera y emocionante semana en el colegio. El sábado por la mañana, Nicolás se dirigió con sus tres mejores amigos, Mía, Juan y Jairo, a una gran tienda de bricolaje cercana. Cuando llegaron al aparcamiento, no podían creer lo que veían. Frente a la entrada había un grupo de personas charlando animadamente.

—¡Gran idea!

—¿Dónde está Nicolás?

—He vuelto antes de tiempo de mis vacaciones.

Nicolás podía escuchar frases como esas. La gente había respondido a su llamada y vinieron a ayudar a hacer florecer aquella gris ciudad junto a él y a sus amigos.

Los cuatro amigos ralentizaron sus pasos.

—Increíble —Jairo fue el primero en recuperar el habla.

—¡Impresionante! —murmuró Juan.

—¡Hola a todos! ¡Es estupendo que hayáis venido! Hoy queremos comprar muchas semillas y plantitas. Quizá deberíamos decidir quién va a hacer cada zona de la ciudad —explicó Mía a los presentes.

La niña se encontraba en su elemento. A diferencia de Nicolás, le encantaba que todas las miradas estuvieran puestas en su persona. Nicolás se preguntaba si realmente estaba tranquila. Él seguía ocupado buscando caras conocidas entre la multitud. Allí, con gafas de sol, piel bronceada y collar de surfista estaba su profesor de matemáticas, el señor Hernández. Y apoyada en su oxidado andador, la señora Tejón, su antigua vecina. Nicolás se sobresaltó brevemente cuando un pequeño mechón de rizos oscuros apareció entre sus piernas. Alba y Alterio, que tenían cuatro y cinco años y eran los hermanos de su compañero de escuela Edu, jugaban al escondite entre la gente. De repente, Nicolás oyó una risotada. Él ya había escuchado alguna vez aquella risa sincera. Era el alcalde que estaba a unos metros, riéndose con los dos niños que saltaban alrededor de su gran silla de ruedas.

Después de un rato, y muchas miradas incrédulas de los empleados de la tienda de bricolaje, el grupo se puso en marcha. La gente se repartió por toda la ciudad con las semillas y plantitas recién compradas. El señor Hernández había pensado no solo en reverdecer el jardín de la escuela, sino también en crear un paraíso para las abejas en el techo plano del gimnasio. El alcalde había hecho algunas llamadas importantes para luego anunciar que pronto vendrían refuerzos. Querían plantar lechugas, pimientos, zanahorias y hierbas en los balcones del salón comunitario, que apenas se había utilizado hasta entonces.

—Así, podremos comer nuestras propias verduras en nuestras reuniones. Eso es mejor que cualquier servicio de catering —dijo el alcalde.

El primer lunes tras aquel agitado fin de semana, de camino a la escuela Nicolás notó que muchas cosas ya habían cambiado. Incluso los edificios altos, que solían parecer enormes bloques grises, ahora estaban llenos de vida. El niño vio muchos abejorros, avispas y abejas que volaban de balcón en balcón y disfrutaban de las plantas ricas en néctar. Parecía que la ciudad estaba en constante movimiento y no tenía nada que ver con la multitud que iba de un sitio a otro.

Aquel día había algo diferente en el ambiente. Nicolás vio a la gente silbando alegremente y saludándose. Observó que la señora Tejón mantenía abierta la puerta del metro para la familia de Edu, aunque muchas veces se había quejado del ruido que hacían los niños. Entonces, escuchó a una ciclista preguntar si había semillas de plantas a la venta en un quiosco cercano.

Las nuevas plantas de su ciudad no eran tan coloridas como aquellas pequeñas plantas de "Con la cabeza en las nubes". Sin embargo, el mundo parecía estar lleno de color. Todas las flores que florecían en los balcones y tejados de la ciudad estaban haciendo un gran trabajo. Era como si no solo absorbieran los gases que emitían los coches, sino también todo el odio y el estrés cotidiano. Del aire limpio y el aroma de las flores surgió más felicidad, amor y compasión que se extendió por la ahora colorida gran ciu

Lo que puedes aprender de esta his

¡Tus ideas enriquecen el mundo!

La pandilla Cervantes

"¿Quedamos hoy después de clase?", escribió Sara en un papel durante la última lección y se lo pasó a su amiga Rebeca. La respuesta llegó inmediatamente. "No puedo", leyó Sara descifrando la garabateada letra de Rebeca. Sara sabía lo que eso significaba. No quiso preguntar más. De lo contrario, Rebeca empezaría a inventar excusas y a Sara no le gustaba eso. Rebeca pasaría la tarde con sus nuevas amigas.

Las dos chicas se conocían desde el jardín de infancia. Desde entonces, se habían hecho inseparables como dos imanes o como ese sándwich de Nocilla que se te escapa de la mano y se pega al suelo con tanta fuerza que es difícil de retirar. Pero desde el cambio de colegio, Sara sentía que algo fallaba. Rebeca siempre le había dado todo su apoyo. Ella fue la que creó un círculo de amigos en la escuela primaria gracias a su forma de ser, ruidosa y divertida. También era Rebeca quien siempre defendía a Sara delante de los demás cuando alguien decía alguna estupidez sobre ella. Si algo no le gustaba, se aseguraba de cambiarlo. A diferencia de Sara, Rebeca siempre decía lo que pensaba. Sara, en cambio, era más tranquila. Prefería observar lo que ocurría en lugar de interferir. Nunca soltaba su opinión en voz alta y sin preguntar. Ese era el papel de Rebeca en su amistad.

A veces, Sara deseaba parecerse a Rebeca. De ese modo, podría decirle a su amiga que había cambiado mucho últimamente y que se había vuelto bastante mala con la gente de la clase a la que antes defendía. Tal vez incluso le diría que no le gustaba nada ese cambio. Pero Sara no era como Rebeca y se tragó su tristeza.

Todo había empezado hacía cuatro semanas. A Sara le encantaba la idea de que Rebeca y ella no solo fueran al mismo colegio, sino también a la misma clase. Pero Rebeca se había hecho amiga de Julia, Estefanía y Carla. Las tres chicas se conocían desde hacía mucho tiempo. Todas vivían en la misma calle, la calle Cervantes. Cuando comenzaron quinto, no tardaron en dejar claro que eran la "pandilla Cervantes". Tenían sus propios rituales de saludo y pensaban constantemente en nuevos códigos secretos con los que cotillear sobre los demás.

Una vez, Sara se armó de valor y le preguntó directamente a Estefanía sobre de qué "magdalena de chocolate" hablaban. Por supuesto, Sara sabía muy bien que se trataba de ella y que ese era el código para referirse al color de su piel. Le hubiera gustado decirles a las chicas en voz alta y clara lo que pensaba. Deseaba decirles que hacía tiempo que se había dado cuenta de todo y que no le hacía ninguna gracia. Al contrario, quería que la dejaran en paz. Pero Sara no era Rebeca. A Sara le resultaba difícil hacer nuevos amigos. A veces observaba a la pandilla Cervantes y deseaba pertenecer a ella. Lo deseaba solo para ser una de esas chicas “guay”. Estaba convencida de que había algo bueno en todas las personas. Julia, Estefanía y Carla seguramente también podrían ser amables y útiles. A Sara le encantaría conocer ese lado de ellas.

—Pensé que os referíais a mí. Pero seguro que no se os ocurrirían nombres en clave tan feos para vuestras compañeras. ¿Por qué haría alguien algo tan malo? Además, si fuera un pastel, me parecería más a un trozo de tarta de limón, ¡deliciosamente dulce, pero también ácida! —dijo Sara con calma, intentando no expresar lo que realmente pensaba.

Sara puso más énfasis en la última palabra para indicarle a Estefanía que estaba enfadada debido a esos nombres en clave. Pero no sabía si Estefanía había entendido su mensaje. Decirle las cosas a la cara como hacía Rebeca hubiese sido más claro. Sin embargo, desde ese día Sara no volvió a oír un nombre en clave. De hecho, ya casi no notaba la presencia de la pandilla Cervantes. Ningún miembro parecía interesarse mucho por ella.

Sara sabía que Rebeca salía a menudo con esa pandilla y que también se veían después de la escuela. Un día vio por casualidad a Rebeca en la calle, justo cuando iba al cine con las otras chicas de la pandilla Cervantes. Aquello le dolió mucho. Pero tampoco quería obligar a nadie a ser su amiga. Tal vez Rebeca acabaría dándose cuenta de que la pandilla Cervantes no era buena para ella, de que había cambiado y de que echaba de menos a su amiga de preescolar. Tal vez, solo tal vez.

Sara estaba cansada de pasar los recreos en los aseos para no tener que estar sola en el patio. Siempre le había resultado difícil hacer nuevos amigos. La primera vez que había ido a gimnasia, hacía unos años, había tenido que contener las lágrimas durante toda la clase. Esa lucha constante contra aquel nudo en la garganta había sido más agotadora que cualquier ejercicio.

—¿Alguien quiere formar parte de la pandilla Cervantes? —se burló Julia cuando Sara pasó cerca durante uno de los descansos.

Sara se sintió insignificante y pensó que esa actitud quizás cambiaría si fuera parte del grupo. Vacilante, asintió con la cabeza.

—Ya veo. ¿Qué pensáis, chicas? ¿Vamos a dejar entrar a todo el mundo aquí? —Julia miró a las otras chicas con complicidad.

—¡Hasta ahí podíamos llegar! —dijo Carla, riendo.

Rebeca miró al suelo y permaneció en silencio. A Sara le dolió ver a su amiga, normalmente ruidosa y a menudo descarada, tan callada.

—¡Bueno, solo las más geniales pueden unirse a nosotros! —continuó Julia pomposamente—. Y primero tienes que demostrar que eres genial. Solo la gente de Cervantes puede unirse a la pandilla Cervantes y no admitimos gente mimada con casa propia, piscina grande y papá rico.

Sara suspiró. Desde que se corrió la voz en clase de que vivía en un chalé a las afueras de la ciudad, todo el mundo se había formado una imagen de ella sin ni siquiera conocerla. Probablemente pensaban que era una completa engreída. ¿Qué podía hacer ella si sus padres eran ricos? Ella no necesitaba una gran casa con piscina. Podía vivir con sus padres en un piso pequeño. Pero eso no dependía de ella.

—¿Qué tal una prueba de valor? Así podrías demostrar que eres más guay de lo que parece.

Julia miró a Sara a los ojos, desafiante. Sara tuvo que aceptar porque quería demostrar a las chicas de la pandilla Cervantes que ella era mucho más que una niña mimada de familia rica.

—¿Qué tendría que hacer? —preguntó Sara un tanto insegura.

—En realidad es bastante sencillo. Lo único que tienes que hacer es robar el libro de matemáticas de Natacha al principio del próximo recreo, traérnoslo y volver a meterlo en su bolsa sin que se note al final del recreo. ¿Podrás hacerlo?

Natacha era conocida en clase como la empollona. Siempre hacía los deberes sin cometer ningún error. Gracias a su padre, Sara sabía que Natacha era muy diferente. El padre de Natacha era el presidente del club de golf donde el padre de Sara jugaba desde hacía poco. Una vez, había dicho que a su hija no le interesaba el golf y que prefería bailar hip-hop. Tampoco parecía dedicar demasiado tiempo a los deberes en casa y eso preocupaba a su padre.

—¿Cómo va a convertirse en abogada si no puede sentarse tranquilamente a hacer los deberes durante una hora?

Cuando su padre le contó aquella conversación, Sara apenas podía creerlo. La tranquila estudiante de sobresaliente Natacha bailaba hip-hop y apenas dedicaba tiempo a sus tareas escolares. A Sara le hubiese gustado hacerse amiga suya, pero la pandilla Cervantes la observaba. Si se acercaba a Natacha, sería la prueba definitiva de que no era guay.

—Ni te atrevas —Julia había notado la vacilación de Sara.

—Sí, me atrevo. De hecho, me pregunto por qué debo hacer esto —respondió Sara con valentía.

—¿Cómo que por qué? Bueno, quieres unirte a nosotras, ¿no? De eso estamos hablando —Julia empezaba a impacientarse.

—Sí, lo sé. Solo te pregunto si has hecho los deberes de matemáticas —siguió indagando Sara.

—La gente guay no siempre hace sus deberes. ¡Pero cómo vas a saberlo tú! —respondió Estefanía con una amplia sonrisa.

—¿Qué quieres ser cuando seas mayor? —preguntó Sara con audacia.

—¿Y eso? ¿Esto es un interrogatorio o qué? —Julia ya estaba visiblemente molesta.

—Quiero ser arquitecta. Diseñaré casas que puedan girar en círculos, con piscinas retráctiles y terrazas para tomar el sol. Algo totalmente genial —contestó Carla sin vacilar, con los ojos brillantes.

—Y como arquitecto, no necesitas las matemáticas, ¿verdad? —Sara siguió preguntando.

Entonces, Sara vio que algo cambiaba en la expresión facial de Carla, habitualmente burlona y ahora reflexiva.

—Bueno, pero estoy segura de que solo necesitas lo que aprendes en sexto curso —contestó Carla.

—¿Y cómo vas a entender algo difícil de sexto curso, si no prestas atención a lo básico? —continuó Sara no dándose por vencida.

—¡Basta, Sara! ¡Vamos, deja de hablar! Sabía que no eras lo suficientemente genial como para unirte a nosotros —Julia volvió a interferir en la conversación.

—Pero en realidad tiene razón, Julia. Tal vez no sea tan inteligente copiar siempre los deberes de los demás —murmuró Carla con calma.

Si las miradas mataran, Sara habría caído muerta en ese mismo instante. Sin embargo, sentía que podía marcar la diferencia sin tener que ser contundente.

No importa si eres joven
o mayor, ¡siempre puedes
aportar algo diferente!

—¿Y por qué Natacha? —Sara continuó su ronda de preguntas.

—Bueno, porque es una auténtica empollona. Está garantizado que no hará más que deberes durante todo el día —respondió Julia con sorna.

Julia intentaba desesperadamente hacer reír a las otras chicas de la pandilla Cervantes. Pero Estefanía, Carla y Rebeca ya no reaccionaban a sus comentarios. Al contrario, esperaban a la siguiente pregunta inteligente de Sara.

—Y la gente guay no hace eso, claro. La gente guay solo dedica un poco de su tiempo a hacer los deberes, ¿no? Y la gente guay prefiere pasar su tiempo bailando, ¿verdad? —Sara se dirigió ahora directamente a Estefanía porque sabía que hacía baile tradicional desde que la vio dando unos pasos en el patio.

—Sí, exactamente.

—Natacha, ven aquí.

Sara llamó a la niña que paseaba sola por el patio del colegio, mordiendo su manzana. Antes de que Julia o las otras chicas de la pandilla Cervantes pudieran decir algo, Sara se apresuró a hablar.

—Estábamos hablando de que es genial que bailes hip-hop y que tengas que hacer tan poco esfuerzo para sacar tan buenas notas —Sara le explicó a Natacha.

La sorpresa se reflejaba en las caras de todas. Natacha, sintiendo que por primera vez la pandilla Cervantes se fijaba en ella, parecía tan desconcertada como las otras chicas. En ese momento, todas comenzaban a entender a dónde quería llegar Sara.

—Ah, y ya que estás aquí, ¿crees que podrías explicarnos los deberes de matemáticas durante el segundo descanso? —preguntó amablemente Sara a Natacha.

La niña asintió sin dudarlo mucho, aunque todavía no sabía qué pensar al respecto.

Cuando el timbre que indicaba el final del recreo sonó, las chicas caminaron en silencio hacia la clase. No podían dejar de pensar en lo que acababan de vivir durante el descanso. Julia tuvo que enfrentarse al hecho de que alguien la hubiera interrogado. Estefanía y Carla empezaron a dudar sobre si la pandilla Cervantes era tan genial como siempre habían creído. Rebeca pensaba en su amistad con Sara. ¿Por qué había descuidado tanto a su mejor amiga de los días de preescolar? ¿Y Sara? Sara se había superado a sí misma por primera vez. Nunca había hablado tanto con sus compañeras de clase como lo hizo durante aquel recreo. Ahora se sentía mucho más segura de sí misma y estaba muy orgullosa de ello.

En los días siguientes, las cosas cambiaron en clase. Los términos "pandilla Cervantes" y "empollón" desaparecieron como había desaparecido la "magdalena de chocolate". El malestar se disolvió y dio paso a un sentimiento de "nosotras" que reforzó la unidad de la clase. Incluso Julia se había dado cuenta de que había ventajas en dejar de burlarse de los demás. Y con Natacha, por fin había encontrado a alguien que podía explicarle pacientemente los problemas matemáticos más difíciles.

Durante los recreos, Estefanía y Natacha bailaban una inusual danza en el patio. Estefanía enseñaba sus difíciles pasos de baile tradicional, mientras que a Natacha se le ocurrían espontáneamente algunos movimientos de breakdance.

Los niños de las otras clases admiraban los bailes, admitiendo que aquello era diferente. La mezcla de estilos dio como resultado algo especial, algo único. Y aquel ambiente también se reflejaba en clase. Era realmente emocionante y divertido porque todas las niñas tenían talentos diferentes y se complementaban maravillosamente. Con el paso del tiempo, justo aquellas cosas que las diferenciaban al principio eran las que las acercaban cada vez más. Cada una podía ser quien era. Finalmente, todas se mantuvieron unidas porque eso es lo que hace fuerte a una clase. Y la silenciosa Sara tuvo mucho que ver gracias a sus inteligentes y valientes preguntas.

Lo que puedes aprender de esta historia:

No importa si eres una persona ruidosa o callada: ¡siempre puedes marcar la diferencia!

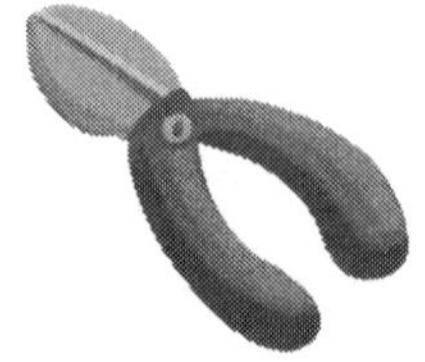

De la ira al valor

Una lluviosa tarde de sábado, Leo abrió la pesada puerta del garaje con todas sus fuerzas. Al hacerlo, le llegó un olor ligeramente rancio, pero muy familiar. Olía a madera, a pintura vieja y un poco a la abuela Francisca. Desde su jubilación, la abuela Francisca pasaba cada minuto libre en su garaje. Allí había hecho todo tipo de cosas útiles. Por ejemplo, había creado una huevera que descabezaba el huevo en cuanto lo metías en una pequeña palanca. Leo descubrió que aquello era especialmente útil cuando el huevo estaba todavía demasiado caliente para tocarlo. “Cosas que el mundo no necesita”, pensaban sus padres.

Leo había pasado mucho tiempo con la abuela Francisca en su taller de artesanía. E incluso ahora, dos meses después de su muerte, seguía yendo regularmente. Allí podía pensar en la abuela Francisca con tranquilidad y, al mismo tiempo, idear sus nuevos proyectos. Le gustaba rebuscar en las estanterías y cajas durante horas y tener nuevas ideas. Ese día, Leo quería revisar una estantería que hasta entonces había ignorado. Entonces, algo llamó su atención. Se trataba de una luz parpadeante. Leo apartó todo lo que bloqueaba su visión. Cuando retiró la última y pesada caja de herramientas, no podía creer lo que veían sus ojos. Aquello que parpadeaba no era otra cosa que un robot. Medía medio metro de altura y tenía una bola blanca con una cara pintada como cabeza, de cuya parte superior brotaban todo tipo de cables y alambres. Parecía que el robot tenía pelo. Algunos de los cables conducían a la pequeña luz verde que Leo había encendido. Los brazos y las piernas estaban hechos de tuberías viejas y la barriga se había cosido con una almohada blanda. Unos guantes de béisbol demasiado grandes le servían de manos y sus pies estaban metidos en unas viejas zapatillas de deporte de Leo. Los cables y los alambres recorrían todo el cuerpo del robot, como observó Leo con la mirada clavada en sus viejas deportivas. Frente a la barriga del robot, la abuela Francisca había atado su vieja tableta y la había conectado.

Leo se preguntó si el robot funcionaría. Buscó con entusiasmo un botón, pero no encontró nada. Entonces, encendió la tableta y escuchó una voz con sonido metálico.

—¡Hola, Leo! ¿Cómo estás hoy?

—Bien —respondió Leo con voz temblorosa.

El niño sintió que la inseguridad, que últimamente le invadía con bastante frecuencia, aumentaba en su interior. A veces sentía como si su abuela se hubiera llevado todo su valor con ella al morir. Odiaba la sensación de no saber qué hacer a continuación y estar a merced de lo que pasaba. Incluso peor, temía a su propio miedo. Se había dado cuenta de que, junto con inseguridad, a menudo surgía ira en su interior. Era una ira contra sí mismo por no estar en control de la situación.

Cuando Leo se recuperó del susto inicial, descubrió un pequeño papel que sobresalía de uno de los grandes guantes del robot. La palabra “instrucciones” estaba escrita en el papel con la letra curva de su abuela. ¡Eso sí que era interesante! Leo leyó la nota con atención. Decía que se podía programar el robot, según los propios deseos, utilizando el teclado de la tableta. Leo se lo pensó un momento y luego decidió intentarlo. Tal vez podría programar el robot con “valor” y utilizarlo en el futuro en situaciones en las que él mismo tuviera miedo.

Lo primero que tuvo que hacer fue pulsar un botón en la parte inferior de una de las zapatillas de deporte. Con cuidado, Leo dio la vuelta al robot. Para su sorpresa, la construcción era más estable de lo que parecía. Tras pulsar el botón, el teclado apareció en la tableta. Las

¡Eres valiente y fuerte!

letras estaban al revés como el robot. Leo no quiso perder más tiempo y tecleó las letras V-A-L-O-R, sin mirar y con mucha rapidez. Inmediatamente, el robot comenzó a agitar sus brazos tubulares. Asustado, Leo lo dejó caer. El robot aterrizó suavemente en su vientre de almohada. Lo que ocurrió a continuación hizo que Leo retrocediera tres pasos, horrorizado. El robot barrió todo tipo de herramientas de las estanterías con sus enormes guantes de béisbol. Las herramientas cayeron al suelo con un fuerte estruendo. El robot dio un fuerte pisotón, maldiciendo en voz baja. La palabra "ardor" se iluminaba en grandes letras rojas en la tableta. ¡Leo debía haber puesto "ardor" en vez de "valor" al teclear sin prestar atención y el robot se comportaba con enfado! Después de varios intentos, por fin consiguió apagar la tableta. El robot se derrumbó inmóvil en el suelo.

Durante los días siguientes, Leo no pudo dejar de pensar en el robot. La abuela Francisca lo había mantenido en secreto y él también decidió no contar a su familia su extraño descubrimiento. Pero, de alguna manera, tenía que averiguar cómo convertir el modo ARDOR en modo VALOR. ¿Cómo podría hacerlo sin revelar su secreto? No sirvió de nada volver a pulsar el botón de la zapatilla de deporte, ya lo había intentado. Después de pensar durante tres días y seguir sin llegar a una conclusión, decidió buscar ayuda.

—¿Mamá? ¿Cómo se puede ser valiente cuando se está enfadado? —preguntó a su madre una tarde, mientras ella leía un libro en su sillón favorito.

Confundida, su madre lo miró por encima de sus gafas de lectura. Por un momento, pareció considerar la posibilidad de preguntar por qué quería saberlo.

—Buena pregunta —murmuró la madre—. La ira es como el agua hirviendo en una olla demasiado llena. En algún momento se desborda.

Leo corrió a su habitación y sacó una hoja de papel y un bolígrafo de entre sus cuadernos y libros desperdigados por su escritorio. Pensó por un momento. "*Liberar la ira (la olla hierve de todos modos)*", escribió.

A continuación, Leo se dirigió a su padre que estaba en la cocina.

—¿Papá? ¿Cómo se puede sacar valor de la ira? —soltó su pregunta directamente.

—¿Por qué quieres saber eso? —preguntó su padre.

—Es para mis deberes —mintió Leo, esperando que no le hiciera más preguntas.

—Ya veo. Bueno —perdido en sus pensamientos, su padre removía la olla de fideos—. La ira no es más que una energía que quiere ser aprovechada. ¿Y cómo se convierte la ira en valor? Pues creo que a veces ocurre de forma automática. Por ejemplo, cuando te encuentras en una situación en la que te enfadas porque alguien está siendo tratado injustamente, entonces te atreves a intervenir. El padre de Leo parecía bastante satisfecho con su respuesta porque asintió dos veces más en dirección a la olla de fideos. Leo corrió rápidamente a su habitación para no olvidar nada. "*Utiliza la ira (¿Cómo? ¿Tal vez el deporte?)*", escribió en su nota. Recordando que a veces le ayudaba hacer, inventar o crear algo cuando estaba enfadado, añadió *"¿Qué hacer?"* a su lista. Debajo escribió: *"¿Conversión de ira-valor automática? ¿Esperar y ver?"*.

Al día siguiente, Leo quiso pedir ayuda a su profesora. Su corazón latía con fuerza mientras esperaba a la señora Ronzón después de la clase. No le gustaba hablar con un profesor a solas, pero ese día era importante. Leo le explicó a su profesora que necesitaba ayuda para un amigo. Después de hacer algunas preguntas, la señora Ronzón respondió a las dudas de Leo.

—Creo que solo te vuelves valiente si haces exactamente lo que te da miedo. Eso es lo más importante. Debes tomarte el miedo en serio, pero sin dejar que eso te impida hacer aquello que es importante para ti. ¿Y la ira? Cuando se trata de ira, hay que ver lo que hay detrás de ella. A menudo, no solo estás enfadado. La mayoría de las veces, la ira esconde un sentimiento completamente diferente. Por ejemplo, el sentimiento de estar triste o decepcionado. Eso se puede averiguar hablando sobre ello. Tu amigo también puede acudir a mí o a otros profesores.

La señora Ronzón subrayó la palabra "amigo" siendo plenamente consciente de que Leo estaba pidiendo ayuda para sí mismo. Con un rápido "gracias", el niño se apresuró a salir de la habitación antes de que la situación se volviera aún más incómoda. "*Enfréntate al miedo*", anotó en el papel que siempre llevaba consigo. "*Hablemos de ello y busquemos otros sentimientos*", añadió más abajo. Su lista se hacía más larga. Poco a poco, debería intentar llevar a la práctica todas esas ideas con el pequeño y enfadado robot.

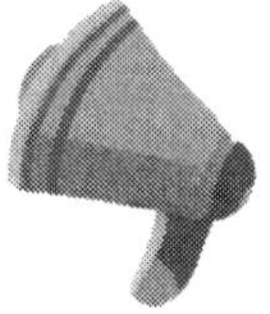

Cuando aquel día Leo encendió el robot, enseguida empezaron los pisotones, los golpes y los juramentos. Volvió a dar unos pasos hacia atrás, pero esta vez no apagó el robot. Aunque el corazón le latía con fuerza y hubiera preferido huir, se limitó a esperar. No pasó nada. El robot continuó imperturbable. Liberar su ira no parecía ayudar a la pequeña criatura. Tampoco la ira se convirtió automáticamente en valor. ¡Qué pena! Entonces, Leo decidió utilizar la energía de la ira del robot para algo bueno. Estiró los brazos tan lejos de su cuerpo como pudo y levantó con cuidado al robot que se retorcía sobre su banco de trabajo, donde había empezado a lijar madera para una silla. Presionó el papel de lija en los guantes del robot.

—Ahora puedes trabajar tú solo, lijando la madera de forma agradable y suave.

Para su sorpresa, el robot pareció entenderle. Salvajemente, restregó la madera con el papel de lija. A Leo le preocupaba que no dejara nada de madera. Después de lo que pareció una eternidad, Leo le quitó la lija al robot con cuidado. ¿Había cambiado algo? ¡No! El robot comenzó a golpear la tabla de madera.

En su lista solo quedaba lo que había dicho la señora Ronzón. Leo pensó en ello. Quería que el robot fuera valiente para que le ayudase cuando tuviera miedo. Posiblemente, el robot también tuvo que enfrentarse a esos miedos hasta llegar a ser valiente. Leo siguió pensando en las tareas que podría encomendar al robot. Entonces, se le ocurrió algo. Tenía miedo de quedarse solo en casa. Se sentía seguro en el garaje de la abuela. Allí tenía la sensación de que la abuela Francisca seguía cuidando de él. Pero quedarse solo en la gran casa de sus padres sin papá y mamá, era otra cosa. Y mañana era uno de esos días en los que sus padres querían practicar que él se quedara solo en casa sin supervisión. Leo decidió llevarse al robot con él.

—¿Solo una hora? No hay problema, ¡adiós! —dijo Leo a sus padres al día siguiente.

Apenas se cerró la puerta, Leo sintió que la odiada inseguridad se apoderaba de él. Puede que incluso fuera miedo, aunque nunca lo admitiría. No podía pensar en eso. Tenía algo que hacer. Leo cogió el robot, lo encendió y salió un momento de la habitación para que el robot estuviera solo. Cuando oyó ruidos en su habitación, se apresuró a volver. No parecía servir de nada exponer al robot a aquella situación. Ahora solo quedaba una cosa en su lista: hablar.

—¿Por qué estás tan enfadado? —Leo comenzó a hablar, esperando que sus padres no regresaran aún.

“ARDOR, ARDOR, ARDOR”, siguió iluminándose la pantalla de la tableta.

—¿Estás triste?

Nada cambió. Leo había probado todas las posibilidades de su lista. Nada había funcionado. Pero, extrañamente, estaba menos frustrado de lo que hubiera sospechado. Por un momento, se había enfadado un poco por no haberlo conseguido. Pero siendo sincero, sentía algo más

punzante que la ira. Era un sentimiento de tristeza y decepción. Por primera vez desde la muerte de su abuela, Leo se dio cuenta de lo mucho que la echaba de menos. Esperaba tener un recuerdo de ella que le siguiera acompañando toda su vida a través de aquel robot. Cogió el robot que se había apagado y lo colocó en la cómoda de su habitación. No importaba si funcionaba y cómo lo hacía. Era un recuerdo de las locas ideas artesanales de la abuela Francisca.

Tal vez era bueno que fuera tan diferente, pensó Leo con una sonrisa. Al fin y al cabo, los proyectos de artesanía de la abuela Francisca solían acabar de forma muy distinta a la prevista.

Cuando sus padres volvieron a casa una hora después, Leo les enseñó el robot y les contó la historia de su aventura. Esa tarde, se sentaron juntos un rato y hablaron de las locas experiencias con la abuela Francisca.

—¿Por qué querías un robot con valor? Has conseguido superar tu miedo de quedarte solo —comentó su padre.

—¡Eso es! —exclamó Leo sorprendido.

Ni siquiera se había dado cuenta de que se había enfrentado a su miedo. Y entonces lo supo. Aunque no consiguió que el robot fuera valiente, había servido para su propósito. Leo se había vuelto mucho más valiente y también se había atrevido a mirar más allá de su ira. Pero, aún mejor, su familia parecía estar más unida esa tarde que durante todas las semanas anteriores.

—Bueno, este es el invento más exitoso de la abuela Francisca —bromeó la mamá de Leo con un brillo en los ojos.

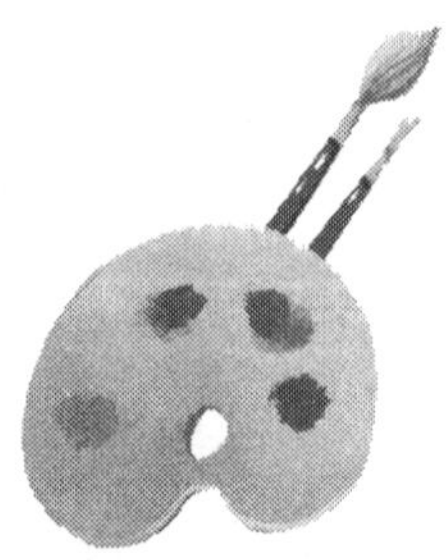

Fortalezas y debilidades

Cuando Alicia cerró la puerta de la clase a sus espaldas, un aire fresco la golpeó. La agradable y fresca brisa de la puerta de entrada alborotó su largo cabello castaño. El aire en el interior del aula era caliente y agobiante. Parecía que, literalmente, las cabezas de los otros niños echaran humo. Alicia inspiró y espiró profundamente.

Alicia había estudiado a diario para ese momento durante semanas. No sabía si sentirse aliviada o decepcionada. Por un lado, por fin había terminado todo. Hoy tendría su primera tarde sin matemáticas en mucho tiempo. Por otro lado, el examen no había ido precisamente bien. Parecía que estaba gafada. Por mucho que estudiara para una tarea de matemáticas, nunca obtenía una nota superior a un 5. Todo lo contrario que Malena, que nunca había tenido un 5 en su boletín de notas. Alicia no tenía ni la menor idea de cómo lo hacía su amiga.

Miró a su alrededor. En el estrecho pasillo frente a la clase, sus compañeros se apresuraban a entregar los exámenes. El señor Torres ya había abierto dos veces la puerta del aula para mandarles a callar.

—¡Chis! Los demás quieren terminar de escribir en paz.

Pero era inútil. La energía que se había acumulado en los niños ya no podía contenerse.

Allí estaba Malena, de pie, apoyada en la pared y mirando su móvil. Le importaba tan poco el hecho de que los móviles no estuvieran permitidos en la escuela como que acababa de dejar una huella oscura en la pared con la suela sucia de sus gastadas zapatillas de deporte. Cuando vio a Alicia, se guardó el móvil en el bolsillo de su peto a cuadros negros y rojos.

—¿Qué tal fue?

—Más o menos. ¿Y a ti? —suspiró Alicia.

—Bastante bien.

—Seguro que tienes otro sobresaliente —dijo Alicia.

—¿Por qué no admites que ha ido bien? —una tercera voz interfirió en la conversación de las chicas.

Romina también había salido del aula y caminaba decididamente hacia Alicia y Malena. Las tres habían sido las mejores amigas durante años. A Romina le molestaba el modo en que Malena minimizaba o infravaloraba sus logros. Todos en la clase sabían que Malena era una de las mejores en casi todas las asignaturas. Solo que a la propia Malena no parecía importarle lo más mínimo.

—Las notas no significan nada —afirmaba a veces—. Son solo números. Y los números en sí no tienen importancia.

Malena solía esperar a sus profesores después de las clases para hablarles de sus notas. No porque estuviera interesada en las notas en sí, sino porque quería saber qué pensaban sus profesores cuando le pusieron esa nota. Quería saber lo que había hecho bien, lo que aún podía mejorar. Malena pasaba descansos enteros hablando de sus proyectos con su profesor, sobre todo después de la clase de arte.

Para Malena, la clase de arte era la mejor parte de la semana escolar. En su tiempo libre, pasaba mucho tiempo con su gran caballete en su habitación. Desde que tenía uso de razón, pintaba todo lo que veía. Observaba tanto con sus ojos físicos como con los ojos que tenía en su interior. Le encantaba el olor de las pinturas acrílicas recién abiertas, el tacto de un lápiz sobre una hoja de papel en blanco y la búsqueda de motivos para una foto extraordinaria. Su placer por lo que estaba haciendo y la opinión justificada de su profesor de arte eran más importantes para Malena que cualquier nota.

—Vamos a esperar y ver. Probablemente, tu trabajo saldrá mejor de lo que crees —respondió Malena a la objeción de Romina.

Para Malena, aquella conversación estaba zanjada. Y Romina y Alicia tampoco hablaron más sobre el examen de matemáticas. Las niñas se alegraron cuando sonó el timbre que marcaba el final de la jornada escolar y pudieron olvidarse de la prueba. Tenían planeado algo especial para ese fin de semana y no querían desperdiciar ni un solo pensamiento en la escuela.

El sábado por la mañana, las chicas se reunieron temprano en el lugar donde se celebraba la competición de aquel día. Normalmente, todas estarían durmiendo a esa hora, pero ese día era diferente.

—Amarillo, amarillo, amarillo.

Romina miró con tensión al objetivo que se extendía sobre una bala de heno a cierta distancia. Sus ojos se convirtieron en rendijas.

—Amarillo, amarillo, amarillo.

Lentamente, tensó la cuerda de su arco. Por un breve momento, el temblor de sus músculos se trasladó a la cuerda y su flecha se agitó. Los gritos de júbilo de los espectadores se apagaron. O quizás Romina, simplemente, ya no los oía. Lo único en lo que podía pensar en esos momentos era "amarillo, amarillo, amarillo". Romina inhaló y exhaló profundamente. Junto con su respiración, los latidos de su corazón se hicieron más lentos. Su mano derecha descansaba ahora tranquilamente sobre la flecha que parecía estar esperando para atravesar el objetivo. Era ahora o nunca. Romina cerró el ojo izquierdo, comprobó por última vez la alineación de su flecha y soltó la cuerda. Inmediatamente pudo sentir que sus músculos se relajaban y que la tensión se alejaba de ella.

—¡Genial, Romina! —resonó la emocionada voz de Malena al otro lado de la plaza.

Aunque a Alicia y Malena no se les permitía acercarse a los arqueros por razones de seguridad, se abrieron paso entre los amigos y familiares que las esperaban hasta llegar al frente de la valla. La voz de Malena era inconfundible.

—¡Gol! —gritó con fuerza cuando la flecha de Romina se clavó justo en el centro del círculo amarillo.

Una risita recorrió las filas de espectadores. Probablemente, la gente se preguntaba quién se había equivocado de deporte y esperaba estar en un partido de fútbol. Romina también tuvo que sonreír. ¡Típico de Malena! Malena era una cabeza entera más pequeña que ella, pero era imposible no verla. Resultaba incluso inconfundible. Hasta el juez se giró brevemente, sorprendido, antes de observar la puntuación de Romina. Romina había conseguido la mejor puntuación posible. A los nueve años, era la participante más joven del grupo de edad sub12 y, además, era la mejor.

—¡Has estado increíble! —dijo Malena a Romina desde la distancia cuando las tres se encontraron de nuevo al otro lado de la valla después de la competición.

—Bueno, no ha sido tan difícil —dijo Romina.

—¡Claro que fue difícil! ¿Recuerdas que una vez intenté dar en el blanco y no lo conseguí? Y hoy competías contra muchos niños, todos mayores que tú. ¿Por qué no admites tu talento? —soltó Malena con un poco de envidia difícil de ocultar en su voz.

—Eso lo dice la señorita superinteligente que saca sobresalientes como si fuera lo más natural del mundo —replicó Romina con sorna.

Alicia miró en silencio a Malena y Romina. Al contrario que sus amigas de temperamento fuerte, ella era más bien tranquila. Rara vez hablaba en clase, pero cuando lo hacía, siempre tenía algo que decir. Cuando las chicas se conocieron en primero, Romina y Malena descubrieron que siempre tenían que pedir la opinión de Alicia. No importaba si se trataba de una pelea entre ellas o de un trato injusto por parte de los profesores, Alicia siempre tenía un consejo inteligente. Y no solo eso.

Con su mirada serena y empática y sus palabras siempre amables, conseguía que todos tuvieran la sensación de poder confiar en ella. Era muy posible que a esas alturas Alicia ya supiera los secretos de todos los niños de su clase, aunque nunca los contara.

Incluso ahora, mientras observaba a sus amigas, Alicia sabía lo que había detrás de aquella repentina discusión. Hacía tiempo que Alicia se había dado cuenta de que algo había cambiado. Cada vez estaba más presente en la conversación quién era la más guay en clase, quién sacaba las mejores notas, quién era más popular. No pasaba un día en la escuela sin las constantes comparaciones de notas, ropa, amigos, pandillas y gustos.

En una ocasión, de camino a la escuela, Romina le había confesado a Alicia que sentía un poco de envidia por el talento artístico y las ideas de Malena, por no hablar de sus buenas notas. No importaba lo que Malena hiciera, parecía convertirlo todo en una obra de arte. Pintaba sus cuadernos con elaborados garabatos, diseñaba los carteles más bonitos y siempre subía las fotos más creativas a Instagram.

Pero cuando las chicas seguían la competición de Romina, Malena había admitido estar un poco celosa. Romina era una atleta. Era delgada y estaba en forma. Aquello no era de extrañar con su programa deportivo semanal. Los lunes, Malena practicaba kárate, los miércoles bailaba y recientemente había descubierto el tiro con arco. Aunque solo llevaba unas semanas entrenando, se había clasificado para la competición con tal naturalidad que parecía que siempre se había dedicado a ello. ¡Y ahora había ganado! Malena, por su parte, tropezaba con sus propios pies al intentar pasar el balón a un compañero en la clase de gimnasia. A veces, deseaba ser tan deportista como Romina.

¿Y Alicia? Alicia escuchaba. Tenía el don de hacer que todo el mundo se sintiera mejor después de hablar con ella, sin importar lo mucho o lo poco que dijera sobre cualquier cosa. Tal vez fuera porque nunca juzgaba a nadie. O tal vez porque podía entenderlo todo y a todos. Y, por supuesto, podía entender los pensamientos

¡Puedes hacer más
de lo que crees!

de sus dos mejores amigas. Comprendía que Malena podía ser envidiada por su creatividad. Y comprendía que las dotes atléticas de Romina eran impresionantes. Pero, sobre todo, Alicia comprendía que sus dos amigas tenían un talento especial del que debían sentirse orgullosas.

—Chicas, ¿sabéis qué? —interrumpió Alicia el tenso silencio—. ¡Vuestras constantes comparaciones son ridículas! Malena tiene razón. ¡Tu competición fue impresionante! Tienes motivos para alegrarte por ello. Pero Romina también tiene razón, Malena. Tus fotos son muy bonitas y profesionales. Deberías estar igual de orgullosa de ellas.

Malena y Romina miraron sorprendidas a su amiga, normalmente callada. Era raro que Alicia hablara tanto y más que reprendiera a alguien. Pero Alicia aún no había terminado.

—¡Las dos tenéis un gran talento! ¿Por qué no lo celebráis en lugar de querer ser otras todo el tiempo? Al fin y al cabo, hay gente que no tiene ninguna habilidad.

"Gente como yo, por ejemplo", añadió en su mente. A veces Alicia sentía que las constantes comparaciones y envidias se le pegaban a ella también. Estaba orgullosa del talento de sus amigas, pero también le entristecía no tener ningún talento especial. A veces también percibía ese sentimiento silencioso y frío de la envidia en su interior. Pero no lo expresaba. Ese no era un día para pensar en sí misma. Era el día de Romina.

—Tienes razón —murmuró Romina contrariada tras el sermón de Alicia y apartando una piedrecita de una patada.

—Alicia siempre tiene razón —dijo Malena con una broma conciliadora y volvió a empujar la piedra en dirección a Romina.

Una vez más, Alicia había conseguido zanjar una discusión. De camino a casa las niñas charlaron alegremente, menos Alicia que estaba más callada que de costumbre. La sensación de ser la única del grupo sin talento, sin ni siquiera una afición o interés especial, le preocupaba más de lo que quería admitir. No sabía que Romina y Malena se habían dado cuenta de su mirada triste y que esa misma tarde habían ideado un

plan que pronto demostraría que Alicia estaba equivocada.

El lunes, en la primera clase, las matemáticas volvieron a estar en el orden del día.

—¿Ya ha corregido nuestros exámenes? —preguntó Tomás al señor Torres con impaciencia.

—Las notas no importan. Después de todo, hay cosas más importantes —interrumpió Romina.

—¡La elección de los delegados de clase, por ejemplo! —añadió inmediatamente Malena—. Necesitamos urgentemente un delegado de clase, o una presidenta.

—Muy bien —aceptó sorprendido el señor Torres, volviendo a guardar torpemente el libro de matemáticas en su mochila—. ¿Tienes alguna sugerencia? Escribiré los nombres en la pizarra.

Inmediatamente, el brazo de Malena se levantó.

—Sugiero a Alicia. Verá, Alicia tiene un talento que podríamos utilizar en la clase. Escucha a todo el mundo y siempre tiene los mejores consejos. Nunca ha dicho nada malo de nadie y se le

da bien ponerse en el lugar de los demás —dijo Malena, aclarando su sugerencia.

—Por cierto, también es muy buena resolviendo disputas y mediando con su tranquilidad. Pero si es necesario, también puede echarte una bronca impresionante —añadió Romina riendo.

Alicia se sorprendió cuando el señor Torres, al contar los votos, escribió una rayita tras otra detrás de su nombre. Podía sentir un cálido sentimiento de orgullo extendiéndose por su vientre, alejando la fría envidia.

—¡Bueno, lo principal es que no vuelvas a pensar que no tienes talento! —susurró Malena a la nueva presidenta de la clase de 5º B con una sonrisa —. Aquí hay gente que lo ve de forma muy diferente.

A Alicia se le iluminó la cara.

—No te preocupes, ya no pienso eso —respondió pensativa—. Hasta borraré eso que dije el sábado de que hay gente sin talento. Todo el mundo tiene un talento. Solo que, a veces, hay que mirar un poco más de cerca.

Lo que puedes aprender de esta historia:
¡Puedes hacer más de lo que crees!

Más allá del horizonte

Luisa podía oír el susurro del arroyo desde lejos mientras se acercaba a su lugar secreto. Se quitó los zapatos y se metió en el agua fresca. Pequeñas ondas jugaban alrededor de sus pies. El agua reflejaba el brillante sol del mediodía. Luisa tuvo que parpadear y se puso las gafas de sol sobre la nariz. Le gustaba aquel lugar. Podría sentarse allí durante horas, escuchando el murmullo del arroyo y mirando a la lejanía. Se preguntaba a dónde llegaría aquella corriente. ¿Qué había más allá del horizonte?

Hacía dos años que Luisa se había trasladado con sus padres a casa de su tío en el campo. Todo había empezado con los dolores de cabeza de su madre y con las vacaciones que habían tenido con el tío Manu. Durante el trayecto, la madre de Luisa se había sentado en el asiento del copiloto con los ojos cerrados y se frotaba la cabeza como si pudiera quitarse el dolor con un simple masaje. El primer día, su madre se había metido en su habitación y había dormido. Luisa apenas la había visto el segundo y tercer día. Pero cuando entró en la cocina al cuarto día, parecía completamente diferente. Luisa no escuchó un "¿no puedes ser un poco más silenciosa?" ni "¡otra vez este calor!" ni siquiera un malhumorado "aún no me he tomado el café". Su madre se había puesto su vestido de verano verde oliva que le llegaba hasta el suelo. Aquel era su vestido para sentirse bien. Luisa no sabía lo que significaba, pero cuando su madre llevaba ese vestido le esperaba un buen día. Y aquel día iba a ser realmente bueno. Aquel fue el día en que la familia decidió mudarse.

Si hubiera sido por Luisa, aquella vida hubiera durado una eternidad. Frambuesas frescas por la mañana, largos paseos por el bosque, sudar en su sauna privada y unos padres de buen humor. A Luisa su vida cotidiana le parecía unas vacaciones permanentes. Pero ahora todo era diferente. Desde hacía tres semanas, ya no estaba sola con sus padres y el tío Manu. Sus padres habían decidido compartir su felicidad en el campo con niños de acogida. Al principio, Luisa había pensado que sería bueno tener siempre alguien con quien jugar. Pero entonces Emilio y Pablo se mudaron y pusieron su vida patas arriba.

Emilio tenía diez años. Era delgado, ligeramente más alto que Luisa y llevaba gafas con cristales redondos. A Luisa le recordaba un poco a Harry Potter, salvo que no sabía hacer magia. Luisa no sabía qué podía hacer el chico, porque él no hablaba con nadie. Lo único que había dicho el día que llegó fue quejarse.

—Me llamo Emilio, no Emile. Te lo digo solo por si quieres tomarte la molestia de recordar mi nombre. Aunque puede que me vaya pronto.

Tras ello Emilio había desaparecido en su habitación.

Pero si Emilio hablaba poco, Pablo, de seis años, balbuceaba mucho. Al principio, Luisa encontró sus historias fascinantes. Pero cuando el chico afirmó que había encontrado un tesoro de diamantes en un castillo de Lisboa, Luisa empezó a dudar sobre que estuviera diciendo la verdad. Aún peor que su parloteo era que seguía a la familia allá donde fuera. A veces, Luisa tenía que huir para estar un momento a solas.

Y ahora estaba disfrutando de uno de esos ratos a solas. Suspirando, se salpicó las piernas con el agua fresca del arroyo. Se alegró de que Emilio y Pablo no conocieran aquel lugar. Allí podía sentarse en paz y observar cómo las nubes desaparecían tras el bosque en el horizonte. ¿Cómo sería seguir a una nube en su camino hacia lo desconocido? A menudo, Luisa se imaginaba cómo sería viajar por el mundo. ¿Probaría la fruta de la pasión recién cosechada en un mercado ruidoso y colorido? ¿Descubriría caminos costeros solitarios en lugares cuyos nombres no podría pronunciar? ¿Encontraría un tesoro en un castillo de Lisboa?

Luisa decidió averiguarlo. En su mochila tenía su móvil, un bocadillo del día anterior, algo de dinero y su nuevo diccionario de inglés. Eso serviría. Si no se iba, nunca sabría cómo era el mundo más allá del horizonte. Decidida, llenó su cantimplora con el agua fresca del arroyo y se puso en marcha. Siguió la estrecha carretera que atravesaba el campo para no perderse y continuó en línea recta sin detenerse.

El sol ya descendía cuando Luisa oyó el ruido de un motor a sus espaldas. Hacía tiempo que ningún coche pasaba por aquella solitaria carretera. Luisa miró a su alrededor. Conocía esa vieja y algo destartalada moto de color rojo intenso. El vehículo se detuvo justo a su lado. El conductor se quitó el casco y sacudió su larga melena. ¡Tío Manu! A Luisa le invadió una extraña sensación de alivio. El mundo podía esperar hasta mañana. Hoy solo quería irse a casa.

—¡Por fin te encuentro! ¿Qué haces aquí? —exclamó el tío Manu, abrazando a Luisa con alivio.

—Yo... Bueno, supongo que solo sentía curiosidad. Emilio y Pablo son de otro país y siempre cuentan historias de interesantes viajes. Y yo llevo dos años viendo lo mismo. Solo quería ver qué había más allá del horizonte —explicó la niña en voz baja—. Ya hay bastante gente en casa, seguro que ni se nota cuando salgo.

—¿De verdad crees eso? —preguntó el tío Manu.

Las pequeñas líneas alrededor de la boca de su tío le daban un toque de travesura a toda su cara. Pero ahora el tío Manu miraba a su sobrina seriamente. Luisa se encogió de hombros.

—¡Ay, Luisi! Todos estábamos muy preocupados por ti. Te llevaré a casa.

Luisa se puso el casco y se subió a la moto. El tío Manu no dijo una palabra en todo el camino de vuelta a casa. No podía quitarse de la cabeza lo que había dicho Luisa. Conocía muy bien aquella curiosidad. Él también había salido con una mochila y una tienda de campaña hacía muchos años. "Quizá deberíamos aprovechar las próximas vacaciones de verano para hacer un viaje. Tal vez eso es lo que los niños necesitan para sentirse unidos", pensó.

Unos días después de la salida espontánea de Luisa, el tío Manu reunió a la familia.

—Nuestra pequeña fugitiva me ha dado una idea. He pensado en hacer un viaje durante las vacaciones de verano. Un verdadero viaje de aventuras. Podemos tomar prestada la furgoneta de mi colega y la conduciremos más allá del horizonte —dijo el tío mientras miraba a Luisa con una gran sonrisa—. ¿Qué pensáis? ¿No sería genial?

A Luisa le gustó la idea y la segundó al instante.

—Me parece bien —refunfuñó Emilio.

—¡Sí! Y luego haremos muchas cosas grandes, todos juntos —exclamó Pablo con entusiasmo.

—Si vamos todos en la misma furgoneta, no tendrás que perseguirnos tanto, ¿verdad? —se burló Emilio.

—Ya veo que va a ser divertido —dijo el tío Manu, riendo.

Una semana después, llegó el esperado momento. El tío Manu había estado muy ocupado durante los últimos días. El lunes había conseguido una gran tienda familiar.

—Por si alguna vez no queremos dormir en la furgoneta —había explicado.

El martes cargó una montaña de esterillas y sacos de dormir en la furgoneta azul y blanca de su colega. El miércoles se oyó un estruendo en toda la casa mientras el tío Manu desempolvaba su viejo equipo de acampada y su cocina de campaña. El jueves, los padres de Luisa llegaron con un coche lleno de comida. El viernes, las maletas y las mochilas se prepararon con cuidado. El sábado comenzó el gran rompecabezas. Había que meter todo en la gran furgoneta de la forma más compacta posible. Y el domingo llegó la hora. Entonces, mamá, papá, el tío Manu, Emilio, Pablo y Luisa tomaron asiento en la furgoneta. ¡El viaje ya podía comenzar!

—¿Adónde os gustaría ir? —preguntó el tío Manu a los niños.

—¿Qué quisiste decir con eso de que no tienes un plan? —la madre de Luisa parecía asustada.

—No tengo plan. Escucharé la opinión de los niños. No te preocupes. Estos son siempre los mejores viajes, cuando no tienes ni idea de dónde vas a acabar —el tío Manu sonrió sintiéndose completamente en su salsa.

—Bueno, a mí me gusta saber dónde voy a acabar —murmuró poco convencida la madre de Luisa.

Sin embargo, dejó que su hermano siguiera adelante. Después de todo, él tenía más experiencia en viajes.

—¡Adelante! ¡Vamos hacia el horizonte! —exclamó Luisa.

—Bien, entonces fíjate en un punto del horizonte. ¿Ves ese árbol de ahí atrás? El más alto. Ahí nos dirigimos.

—¡Vaya! ¿Tan Lejos? —se maravilló Pablo.

Los niños miraban por las ventanas. Emilio, poco impresionado, sacó su móvil y empezó a jugar.

El solitario camino rural los llevó a través de densos bosques. La luz del sol hacía brillar las hojas de los árboles y el suelo cubierto de musgo en los más variados tonos de verde. El viaje se les hubiese hecho eterno si no hubiese sucedido siempre algo.

—¡Tengo que orinar! —gritó Pablo a los adultos que cantaban en la parte delantera de la furgoneta.

—¡Muy bien, pararé en cuanto pueda! —respondió el tío Manu.

Con un chirrido de los neumáticos, la furgoneta se detuvo.

—¿Aquí? Aquí no hay nada —Pablo miró al tío Manu con los ojos muy abiertos.

—Sí lo hay, hay un bonito baño natural allí en los arbustos. ¿No lo ves? —el tío Manu contestó visiblemente animado.

—Debo ir... allí —murmuró Pablo, intentando levantarse de su asiento.

Sin decir una palabra, el tío Manu le entregó un rollo de papel higiénico y una pequeña pala plegable para llevar a la espalda.

—Echa un poco de tierra encima.

—¿No hablarás en serio? —preguntó Pablo.

Incluso Emilio levantó la vista de su juego.

—Sí, ¿crees que los grandes aventureros llevan siempre un retrete consigo? —preguntó el tío Manu riendo.

Inseguro, Pablo se dirigió hacia el punto que había señalado el tío Manu y desapareció entre los arbustos.

—¡Había hormigas por todas partes! Y creo que también me ha picado un mosquito en el culo —dijo emocionado Pablo cuando regresó a la furgoneta.

—Demasiada información —murmuró Emilio.

—Toma, por tu valor —dijo el tío Manu, lanzándole un paquete de ositos de gominola.

Pablo sonrió, sintiéndose como un auténtico aventurero. Estaba tan orgulloso como si hubiera escalado el monte Everest o cruzado a nado el Atlántico.

Los días pasaron. Cada día, uno de los niños podía elegir un punto en el horizonte al que viajar. Y cada noche les esperaba un nuevo horizonte. Preparaban la comida en la cocina de acampada y se contaban las historias de viajes más aventureras. Incluso Emilio sonreía más a menudo. Solo cuando se subía al techo de la furgoneta era mejor dejarlo solo. Luego se quedaba tumbado, mirando al cielo estrellado. Pero lo que pensaba, nadie lo sabía con exactitud.

—¿De verdad tengo que ducharme? —preguntó Emilio enfadado al cabo de unos días.

Hasta entonces, la familia solo se había detenido una vez en un lago. Allí se habían bañado, pero no habían utilizado champú ni gel de ducha para no contaminar el agua.

—Parece que no hay ningún campamento a la vista en kilómetros. Así que, tendremos un día de lavado aquí mismo —dijo el tío Manu.

Una vez más, la furgoneta se detuvo en un lugar en medio de la nada.

¡Hay mucho que descubrir
más allá de tu horizonte!

—Tengo aquí un jabón de viaje biodegradable —explicó el tío Manu—. Si lo usamos bien, la tierra lo filtrará adecuadamente en su camino hacia las aguas subterráneas. Es mejor que usar algo así en un lago donde viven animales y plantas. ¿Quién quiere ser el primero?

Emilio se negó a desnudarse. Fue Pablo quien se apresuró a ayudar a su hermano mayor de acogida.

—Mira, párate junto a la furgoneta. Luego te pondré una gran toalla delante y ya está. ¡Tendrás tu propia ducha! —dijo Pablo con una sonrisa en la cara.

Los adultos observaban divertidos desde la distancia el lavado de los niños. Era una imagen graciosa ver cómo Pablo estiraba los brazos todo lo que podía para cubrir a Emilio con la gran toalla. Y Luisa, con los ojos entrecerrados, vertía lentamente agua de una botella en el lugar donde adivinaba que estaba la cabeza de Emilio.

Cuando la familia se volvió a sentar en la furgoneta esa tarde, la suciedad y el sudor habían desaparecido. Además, aquella inusual ducha los había unido. Entusiasmados, los niños hablaron de sus películas y juegos favoritos. No sabían que los adultos les observaban por el espejo interior de la furgoneta, sonriendo con satisfacción. Emilio ni siquiera se había dado cuenta de que su móvil se había deslizado bajo el asiento del coche hacía horas.

Y así pasó el tiempo. De vez en cuando, la familia pasaba por algún campamento con baños y duchas. ¡Puro lujo! En los campamentos se les permitía hacer hogueras por la noche. A los niños les encantaba contarse historias de miedo frente a las ardientes llamas, escuchar la música de la guitarra del padre de Luisa y ver las chispas que salían hacia el cielo.

¿Y Luisa? A Luisa le encantaba ver algo nuevo cada día y dejarse sorprender. ¿Qué les esperaría tras la siguiente curva? ¿Qué vista les revelaría aquella montaña? Todas las noches garabateaba en su diario de viaje una imagen de cómo era su nuevo horizonte. No quería olvidar nada de todo lo que estaba viviendo. Un día, se dio cuenta de que el nuevo horizonte le resultaba de algún modo familiar. Ya había visto ese gran lago que dividía el bosque exactamente en dos mitades iguales. Echó un vistazo a sus dibujos. ¡Ahí estaba! Ya habían estado allí al principio de su viaje. ¿O estaba equivocada? Cuanto más conducía el tío Manu la furgoneta, más segura estaba. Su madre también lo notó.

—Mira eso. ¿No debería estar nuestro arroyo ahí atrás? ¿Y nuestra casa detrás del arroyo?

Efectivamente, un poco más adelante la familia pudo divisar su casa.

—Supongo que hemos estado conduciendo en círculos —dijo el tío Manu con un brillo en los ojos.

Luisa pensó en cómo había esperado cruzar diferentes países durante su viaje. Pero al ver su casa y pensar en su viaje aventurero, se sintió más que satisfecha. Aunque no hubieran cruzado ninguna frontera, sentía que había viajado por el mundo.

Durante los días siguientes, Luisa se sentó con Emilio y Pablo en su lugar secreto junto al arroyo para mirar a lo lejos. Ya no le invadía un sentimiento de anhelo y curiosidad. En cambio, se sentía completamente llena de felicidad.

Ahora sabía que el amor de su familia era tan ilimitado como el horizonte. Ella sabía cómo era aquello, más allá del bosque en el horizonte. Pero, sobre todo, sabía que todavía había muchos horizontes que esperaban a ser descubiertos. Algún día.

Lo que puedes aprender de esta historia:

¡Hay mucho que descubrir más allá de tu horizonte!

Los sueños de Estrella

Si a Estrella le gustaba un día de la semana, ese era el domingo. Pero no importaba lo bien que se lo pasara el domingo porque el lunes siempre estaba a la vuelta de la esquina. A veces, se imaginaba un lunes enorme, gordo, malhumorado y sentado en algún lugar, esperándola. Los domingos, ese monstruo de los lunes estaba tan cerca que Estrella casi podía sentir su cálido y húmedo aliento. Por supuesto, ella sabía que ese monstruo no existía. Los monstruos no existen. Pero un inminente lunes era peor que cualquier monstruo. Y que el lunes estuviese cerca significaba que le esperaba otra larga semana escolar.

Cuando su madre le preguntaba qué le parecía su nueva escuela, Estrella solía responder que todo estaba bien. Pero no todo iba bien. En el colegio sus nuevos compañeros se burlaban de ella y no se sentía a gusto. Hacía solo tres semanas que su madre y ella se habían mudado con Adrián, Ana y Tatiana. Adrián era el nuevo novio de su madre. Estrella lo había conocido hacía medio año y al principio se esforzó mucho para que no le gustara. Después de todo, ella ya tenía un padre. Tenía un padre con el que podía mirar el cielo nocturno con un enorme telescopio. A través de ese telescopio se podían ver muchas más estrellas de las que eran visibles a simple vista. Todas esas estrellas eran soles de otros sistemas solares muy lejanos. Los planetas de nuestro sistema solar brillaban más débilmente.

—En realidad, no brillan. Tan solo reflejan la luz del sol —le había explicado su padre.

Estrella lo sabía todo sobre los planetas de nuestro sistema solar. Estaban Mercurio, Venus, la Tierra, Marte, Júpiter, Saturno, Urano, Neptuno y Plutón. Había una frase muy sencilla que la ayudaba a recordar esa lista: "Mi Vieja Tía Marta Jamás Supo Untar Nada en Pan". A Estrella aquella frase le recordaba lo bien que lo pasaba con su padre. Desde que tenía uso de razón, al menos una vez a la semana se sentaba en silencio con su padre durante un buen rato al anochecer, maravillándose con los miles de millones de estrellas que brillaban y parpadeaban. Le encantaba esos momentos. Le gustaba lo pequeña que se sentía cuando miraba hacia la extensión infinita del espacio. Y, sin embargo, nunca se había sentido sola porque estaba sentada allí, espalda con espalda con su padre y podía oír su respiración en el silencio de la noche.

Esos encuentros ahora no se daban a menudo. Ahora Estrella vivía con su madre, Adrián y sus dos hijas en otra ciudad. Echaba de menos a su padre, pero no podía hacer nada al respecto. Y tenía que reconocer que su madre y Adrián se esforzaban por hacerla sentir a gusto con ellos. Por mucho que Estrella se hubiera propuesto no querer a Adrián, no pudo evitar cogerle cariño.

Pero Estrella no conseguía adaptarse a su nueva vida y a su nueva escuela. Los demás niños en la clase no tardaron en descubrir que Estrella se sentía atraída por el espacio. Llegar a esa conclusión no era nada difícil. Las bellas imágenes que el telescopio espacial Hubble había registrado en su recorrido por el universo cubrían las tapas de todos sus cuadernos. Los compañeros de Estrella se divertían diciéndole que ella debía ser de otro planeta. Y puede que realmente fuera diferente a los otros niños. Nada le interesaba menos a Estrella que la marca de sus zapatos o qué actor era más guapo. Si alguien se reía de ella, miraba sus fotos del espacio para evadirse. Aquellas nieblas, nubes, remolinos y garabatos coloridos y misteriosos la calmaban. Esas imágenes le recordaban lo pequeña e insignificante que era toda esa gente burlona.

Cuando Estrella se fue a la cama ese domingo, no tardó en sumergirse en un sueño intranquilo. En su sueño, corría a gran velocidad a través de la oscuridad, pasando por innumerables estrellas y planetas. En algún momento notó que algo volaba a su lado, emitiendo una cálida luz. Solo cuando el tono de la luz cambió, Estrella comprendió que no podía tratarse de una estrella. Al menos nunca había oído hablar de una estrella que primero brillara en color amarillo, luego en rojo y, finalmente, en azul. Con un movimiento de su brazo, como si estuviera nadando sin gravedad, cambió de dirección y se dirigió hacia ese objeto. Cuanto más se acercaba, mejor podía ver lo que era. Era una nave espacial alienígena. Estrella se había imaginado a los OVNI muy distintos de lo que estaba frente a sus ojos. Ese objeto le recordaba a una nave espacial real, flotando tranquilamente en el vacío. Cuanto más se acercaba, más sentía que la gravedad

la atraía hacia aquella nave. Flotó sobre la cubierta del vehículo espacial y pudo aterrizar con la misma naturalidad que un pájaro se posa en el suelo. Entonces, Estrella notó cómo se acercaban sonidos y voces, pero no podía entender ni una sola palabra. Sin embargo, sentía la calidez con la que le daban la bienvenida.

Unas criaturas se precipitaron fuera de la nave. Eran pequeñas y muy activas. Las más altas le llegaban a Estrella por la cintura, pero la mayoría eran mucho más pequeñas. Lo más llamativo era esa luz de colores que emitían sus pequeños cuerpos. Cada pocos minutos, la luz cambiaba de color y lo hacía en todos los seres al mismo tiempo. Solo una pequeña criatura brillaba con un color diferente al resto del grupo y Estrella lo notó.

Aquellas caras que miraban expectantes y amigables no se parecían a nada que Estrella hubiera visto antes. En lugar de dos ojos, tenían toda una hilera de ojos con los que podían vigilar todo lo que les rodeaba sin girar la cabeza. Las criaturas tampoco tenían nariz, sino dos pequeños agujeros en el centro de la cara. Su enorme boca era una gran y amplia sonrisa y, al hablar, solo movían la parte central, mientras que las comisuras parecían estar pegadas detrás de sus puntiagudas orejas.

Cuando después de unos instantes el color de las criaturas volvió a cambiar a un bonito tono púrpura oscuro, Estrella se dio cuenta de algo más. Junto con el cambio de color, también cambiaba el idioma. De repente, pudo entender lo que decían.

—¡Visitante de alto rango, visitante de alto rango! ¿Podemos ofrecerle algo de comer? —diciendo esto, uno de los seres señaló un gran cubo lleno de una masa viscosa.

Sorprendida, Estrella negó con la cabeza.

—¿De qué estrella venís? Debe ser una estrella especialmente bonita si sus habitantes son tan fabulosos como vuestra excelencia.

Estrella no pudo contener una risita. Tenía la sensación de que aquellos seres se esforzaban por ser educados y no se daban cuenta de lo anticuados que parecían.

—Vengo de la Tierra. Tenéis razón, la Tierra es un planeta precioso. Pero no estoy segura de pertenecer a ese lugar.

Estrella se dio cuenta de que la criatura brillante de diferentes colores le prestaba atención, alzándose en el aire y dirigiendo sus puntiagudas orejas en su dirección. De repente, el brillo púrpura de todas las criaturas se volvió naranja intenso. Pero la pequeña criatura oscilante ahora brillaba en color rosa. Estrella no entendía nada. Ahora, el idioma que usaban los alienígenas sonaba completamente diferente a cualquier idioma que había escuchado jamás. Aquel idioma ya no parecía palabras encadenadas, sino un suave canto. La pequeña criatura rosa salió entre la multitud con una sonrisa de oreja a oreja.

—Soy Chantal. Algo falló en mi programación hace tiempo. Por eso, siempre brillo de forma diferente a los demás. Además, puedo hablar cualquier idioma en cualquier momento sin importar el color que surja de mi cuerpo. Los demás no pueden actualizar el idioma, pero yo siempre consigo los últimos módulos de idiomas. ¿Qué

Tienes razón y eso
es importante.

tal lo hago? —preguntó Chantal expectante, visiblemente orgullosa de poder utilizar por fin sus configuraciones especiales.

—Estupendo, te entiendo muy bien —aseguró Estrella—. Pero dime, ¿dónde he aterrizado?

—Estás en la nave espacial de los cuarentaydosianos.

La mirada desconcertada de Estrella le indicó a la chica extraterrestre que estaba ante una completa novata en el espacio.

—Bueno, supongo que tendré que explicarme —dijo Chantal, sonriendo—. '42 Draconis' es el nombre de nuestra estrella, nuestro hogar. Pero como los cuarentaydosianos somos curiosos, algunos hemos salido al espacio en nuestra nave espacial. Todavía soy una niña, pero tenía muchas ganas de venir. Además, quiero ayudar, aunque sea un poco diferente a los demás.

Chantal bajó la voz, aunque los otros cuarentaydosianos no podían entender nada de todos modos. Eso sí, hacían unos sonidos que a Estrella le recordaban a un viejo cortacésped.

—Lamento escuchar eso —dijo Estrella con pesar—. Creí que quizás, en algún lugar, había un planeta al que yo pertenecía.

—¡Yo siento lo mismo por la Tierra!

Aunque las comisuras de la boca de Chantal todavía llegaban hasta sus orejas, Estrella percibió la tristeza en su voz. Por un momento, los otros cuarentaydosianos la miraron sorprendidos para luego tartamudear.

—Hay una configuración especial. Los otros solo pueden usarla cuando brillan en gris. Pero eso ocurre una vez cada varios años, como mucho. Yo, en cambio, siempre tengo acceso a esa configuración —dijo Chantal con cierto misterio en la voz antes de seguir hablando en un susurro que casi no se podía oír —. Puedo intercambiar cuerpos con otro ser. Pero eso solo funciona cuando viajamos por el espacio. En cuanto aterrizamos en un planeta, los cuerpos se vuelven a intercambiar automáticamente.

Estrella miró a su nueva amiga alienígena con los ojos muy abiertos.

—¿Quieres decir que podríamos intercambiar nuestras vidas?

No se sentía del todo cómoda con esa idea, pero la curiosidad se apoderó de ella. Las dos chicas decidieron actuar en secreto e intercambiaron sus cuerpos.

Cuando la madre de Estrella la despertó a la mañana siguiente, no podía imaginar que en la cama de su hija había una niña alienígena llamada Chantal. Chantal se esforzó por no llamar la atención. Observó el comportamiento de los humanos y lo imitó. No tardó mucho en comprender que tenía que respirar para vivir. Al principio, le resultó un poco incómodo. Pero al cabo de un rato se acostumbró.

Por otro lado, Estrella, que vivía en la nave espacial de los 42 en lugar de Chantal, no tardó en descubrir todas las emocionantes configuraciones a su disposición. Podía entender todos los idiomas del universo y no tenía que molestarse con cosas aburridas como la respiración. Tampoco parecía que su cuerpo necesitara comida.

Poco a poco, las niñas se adaptaron a su nueva y muy diferente vida. Pronto, descubrieron que tener una forma de pensar completamente diferente a la de la mayoría tenía sus ventajas. Chantal explicaba los difíciles problemas matemáticos a los compañeros de Estrella sin molestarse en absoluto si algunos se reían de ella. Ella sabía que era muy diferente a esas extrañas personas que tenían que respirar para vivir. Y Estrella podía enseñar a los otros niños de los 42 cualquier idioma del universo que quisieran aprender y tampoco le importaba que alguien se riera de ella.

Estrella y Chantal se atrevieron a probar cosas nuevas en el mundo de la otra. A Chantal le encantaba su gran cuerpo humano y bailaba por todo el gimnasio durante la clase de educación física. La naturalidad y facilidad con la que hacía lo que le apetecía sorprendió a sus compañeros.

Estrella también se hizo más y más valiente en la nave espacial de los cuarentaydosianos. Desde su primer día a bordo se preguntaba por qué había una piscina en medio de la nave cuando ninguna de las criaturas se atrevía a entrar en ella. Los cuarentaydosianos estaban tan acostumbrados a su gravedad que les asustaba estar casi sin peso dentro del agua. A Estrella, en cambio, le encantaba el agua. Los otros cuarentaydosianos no salían de su asombro cuando Estrealla se lanzó a la piscina. Nadó, buceó y chapoteó. Poco a poco, cada vez más niños cuarentaydosianos se atrevieron a meterse en el agua y descubrieron que era divertido.

Las chicas no habían encontrado un lugar en el que se sintieran menos "diferentes", pero sí habían descubierto que estaban bien tal y como eran, sin importar lo "diferentes" que pudieran parecerles a los demás. Cuanto más tiempo pasaban las dos en su nueva vida, más seguras de sí mismas se sentían y más se acallaban los comentarios de los otros niños. Aunque no lo admitieran, los niños cuarentaydosianos y los de la clase de Estrella admiraban a las dos chicas por su nuevo comportamiento, tan lleno de seguridad.

En algún momento, tras varias semanas, Estrella se despertó en su cama.

—¡Vaya! Esta noche los cuarentaydosianos aterrizaron en algún planeta —murmuró antes de abrir los ojos.

Solo entonces notó el olor de su ropa de cama favorita recién lavada y se sintió en casa. Aunque era lunes, esa mañana Estrella se puso las zapatillas con mucho ánimo y bajó a la cocina. El olor de las tortitas calientes le llegó a la nariz. Se dio cuenta de lo mucho que lo había echado de menos. ¡Ese olor! Estaba radiante cuando se sentó a la mesa con su madre, Adrián, Ana y Tatiana. Por fin, estaba de nuevo en casa. A partir de ese momento, nunca volvió a dedicarle ni un solo pensamiento al monstruo del lunes.

Lo que puedes aprender de esta historia:
¡Estás bien como eres, y eres importante!

El paso del tiempo

Cuando Mario arrastró su mochila de natación por las escaleras aquel miércoles por la tarde, ya estaba todo oscuro. Los últimos rayos de sol parecían demasiado cansados para abrirse paso a través de las nubes y las pequeñas ventanas de la tenue escalera. Mario también se sentía cansado y hambriento. La mochila, que golpeaba con estruendo contra cada peldaño de la escalera antes de subirlo con esfuerzo, desprendía olor a cloro. Pero tal vez solo Mario podía detectar aquel olor porque ya se había instalado en su nariz.

Una vez más, el día se había acabado sin apenas unas horas de sol. Nada más abrir la puerta de su casa, el olor de las albóndigas con salsa le llegó a la nariz. Su estómago refunfuñó como si también quisiera saludar a su familia que se había reunido en la cocina.

—Bueno, ¿qué tal fue? —le preguntó su madre.

—Bien. Tengo hambre —respondió Mario agotado mientras lanzaba la mochila en su habitación.

Su madre ya había colocado su trompeta sobre la silla de su escritorio para que no la olvidara al día siguiente. Los jueves era el día de la trompeta. Al menos, la clase de trompeta solo duraba una hora y Mario podría aprovechar la tarde para inaugurar el nuevo y enorme trampolín del jardín. Le encantaba saltar más alto, más rápido y más lejos. A Mario le resultaba muy difícil quedarse quieto. No había nada que odiara más que el aburrimiento y la sensación de perder el tiempo. Y por eso siempre prefería llegar a casa agotado por la noche, antes que no hacer nada durante todo el día. No disfrutaba mucho tocando la trompeta, pero para sus padres era importante que aprendiera a tocar un instrumento. A menudo, su madre le explicaba qué cambiaba exactamente en la estructura de su cerebro cuando se aprendía a tocar un instrumento y por qué era tan bueno para su desarrollo. Mario no lo entendía muy bien, pero quizá le fuera de gran ayuda y en unos años notara que era más inteligente que otros niños. Sus clases de cerámica de los viernes y de natación de los miércoles eran, al menos según su madre, importantes para su creatividad, concentración, coordinación y otras largas palabras con C que no podía recordar.

Cuando esa noche Mario se acostó en su cama, agotado y con la barriga llena, tuvo tiempo de jugar con su móvil por primera vez ese día. Había mensajes que responder, noticias de sus amigos que mirar y quería publicar algo. Revisó las fotos que su instructor de natación había sacado desde el borde de la piscina y las cuales había enviado a todos los chicos. En las fotos, Mario parecía un nadador profesional, acercándose al borde de la piscina muy por delante de los demás chicos. Aquello era perfecto para Instagram.

Poco después de subir sus dos fotos favoritas del día, Mario descubrió algo raro. En medio de las fotos aparecía un cartel que no tenía que estar allí. Le recordaba al símbolo de "play" de los vídeos, pero solo había subido fotos. Sintiendo curiosidad, Mario hizo clic en aquel símbolo. Cuando su dedo índice tocó la pantalla, las palabras "velocidad aumentada" se iluminaron y volvieron a desaparecer. ¿Qué significaba aquello? Mario esperó un momento, pero no pasó nada. Seguramente, se trataba de un error de la página web. ¡Qué lástima! No había descubierto una nueva función.

A la mañana siguiente, Mario se despertó antes de que sonara su despertador. Incluso antes de abrir los ojos, le invadió una extraña sensación de que algo era diferente a lo habitual. Todavía no sabía si eso era bueno o malo. Ni siquiera sabía qué era lo que parecía diferente esa mañana. Con cuidado, abrió los ojos y comprobó que todo seguía igual. En su mesilla de noche, su globo terráqueo con energía solar, que había cargado el día anterior, brillaba suavemente. La trompeta seguía esperando a ser utilizada en su silla giratoria púrpura. En la cocina, oyó el traqueteo de los platos que le resultaba muy familiar, aunque sonaba algo diferente. Por el momento, Mario no podía encontrarle sentido a todo aquello.

Al levantarse de la cama, se llevó un gran susto. Se había movido con normalidad, había sacado lentamente las piernas de la cama, se había estirado, había bostezado con fuerza y ganas, y se había levantado. Sin embargo, Mario notó que sus piernas se levantaban de la cama como por arte de magia. En lugar de un placentero estiramiento de brazos, Mario tuvo la sensación de que sus brazos se movían solos. Y al bostezar, sintió que su boca se abría brevemente para cerrarse deprisa, emitiendo un sonido que, en el mejor de los casos, era como el corto y tímido maullido de un gato. Y, sin embargo, estaba seguro de haber hecho todo como de costumbre. Mario levantó un brazo con lentitud, pero antes de que pensara en hacer el movimiento su brazo ya estaba levantado. Entonces, decidió caminar hasta la puerta a paso tortuga. Pero en un abrir y cerrar de ojos ya estaba fuera de la habitación.

A los pocos segundos se encontró en la cocina, donde no pudo contenerse más.

—¿Qué pasa hoy? Quiero decir, todo va más rápido, ¿no? Además, ¿qué es eso?

Sus palabras se encadenaban a gran velocidad, aunque Mario intentaba hablar despacio.

—¿Has tenido una pesadilla, Mario? ¡Todavía tienes sueño! Hacía tiempo que no hablabas tan despacio —dijo su madre a toda prisa, despeinándole sus rizos rubios con una caricia.

Nadie parecía darse cuenta de que algo iba muy mal. Mientras Mario comía sus cereales acercando la cara a la cuchara para no derramar nada, notaba que su cabeza no dejaba de zumbarle.

Acababa de comer, o más bien de devorar, la quinta cucharada de muesli cuando tuvo una idea. Recordó la señal del día anterior: "¡aumento de velocidad!". Con su clic, había acelerado su vida y ahora iba a cámara rápida.

Después de superar el shock inicial, pensó en las consecuencias que podría tener todo aquello. Tal vez no era tan malo. Ahora, todas las lecciones que parecían interminables se acabarían en un instante. Y, mejor aún, ¡nunca más se aburriría! Si no tenía nada que hacer durante un rato, ese rato se acabaría pronto y su siguiente pasatiempo estaría a la vuelta de la esquina. Al final del día, habría experimentado lo mismo y seguiría siendo capaz de subir un montón de fotos geniales a Instagram como lo había hecho antes de que toda esa magia llegara a su vida. Además, no tardaría en dominar a la perfección las canciones de trompeta, en conseguir su mejor tiempo en natación y en terminar por fin el regalo de cumpleaños para su madre en la clase de cerámica. Podría lograr todo lo que siempre se había propuesto en el menor tiempo posible.

En los días siguientes, Mario se acostumbró a su nuevo ritmo. Descubrió que liberarse rápidamente de cualquier situación desfavorable gracias a la velocidad del tiempo tenía sus ventajas. El trabajo que tenía que entregar, el aburrido desayuno familiar del domingo, la odiada tutoría... todo se acababa más rápido de lo que podía imaginarse o incluso antes de que le diera tiempo de preocuparse por ello. Por supuesto, también había momentos que podrían haber durado más, como los recreos en la escuela o las clases de matemáticas cuando se le permitía trabajar junto a su divertida compañera de pupitre, Lisa. Pero, en general, su nueva vida le encantaba.

Las horas se convirtieron en días, los días en semanas y las semanas en meses. Mario batió su récord de natación varias veces, terminó la pieza de cerámica y dominó más y más temas musicales con su trompeta. Aunque hacía tiempo que se había acostumbrado a su nueva y acelerada vida, una extraña sensación le invadía cada vez con más frecuencia. Se trataba de un sentimiento desconocido. Deseaba paz.

A veces, incluso se sorprendía pensando que le gustaría sentarse un rato en el jardín sin que nadie saliera corriendo a decirle que llegaría tarde a nadar. Por supuesto, no podía culpar a nadie. Sus padres no podían saber que Mario, en realidad, había estado tumbado en el jardín entre los azafranes que florecían lentamente solo unos minutos y no durante muchas horas como ellos creían.

Y, entonces, llegó el día en que Mario decidió que algo tenía que cambiar. Ese día se reunió con Lisa después de clase. Los dos jugaron al escondite en el jardín de Lisa, se llenaron la barriga de frambuesas que ellos mismos recogieron y se rieron bajo el sol. Fue uno de esos días en los que querrías absorber cada segundo como una esponja. Uno de esos días en los que te duele la barriga de tanto reír, aunque no tengas claro de qué te ríes. Uno de esos días en los que no piensas ni un segundo en los estúpidos deberes, las difíciles piezas de trompeta y todas esas cosas porque la mente está demasiado ocupada disfrutando del momento. La dorada luz del sol brillando a través de los árboles, haciendo que la hierba resplandeciera en diferentes tonos de verde; el olor fresco de la primavera transportado por una ligera brisa a través del campo, que traía recuerdos de sueños de verano; y la traviesa sonrisa de Lisa que casi siempre terminaba en risas. Ese era el día perfecto. Era uno de esos días que Mario deseaba que no terminaran nunca. Pero ese día, el tiempo se le escapó entre las manos.

Entonces, Mario decidió contarle a Lisa su secreto. Tal vez ella supiera lo que se podía hacer. Lisa siempre tenía las soluciones más creativas en matemáticas, las cuales a menudo llegaban al resultado correcto. Para su sorpresa, Lisa le creyó. Quizás fuera porque la niña tenía una imaginación que parecía no tener límites, al igual que su confianza en Mario. Lisa no dudó ni un segundo ni tampoco le preguntó cómo era su vida a cámara rápida, ya que quizás podría imaginársela sin esfuerzo. En cambio, enseguida tuvo preparadas algunas soluciones.

—Quizás tengas que buscar una señal de stop en la foto que subiste. ¡Eso sería lógico! O hay que dibujar un cartel así en el cielo. Tal vez también ayudaría que vieras un vídeo tuyo a

Hoy es un buen día.

mayor velocidad y luego lo pararas de nuevo. Debe haber algún truco.

Los dos niños se sentaron entre los arbustos de frambuesas, preguntándose cómo podrían detener el tiempo en la vida de Mario. Pero nada de lo que intentaron funcionó. Desilusionado, Mario decidió hacerse una foto de recuerdo con Lisa. Los dos se acercaron todo lo que pudieron y se sacaron un selfie.

—¡Mira tu cara! —se rieron a la misma vez.

Ninguno de los dos salía especialmente bien en la foto. Lisa tenía los ojos semicerrados y su característico color verde apenas era visible. La sonrisa de Mario estaba extrañamente torcida. Y, sin embargo, a los dos les gustó aquella imagen. Al fondo, se veían las abejas y avispas entre los arbustos de frambuesas. Un pájaro volaba tan cerca de sus cabezas que sus alas abiertas aparecían claramente en la fotografía. De repente, Lisa gritó emocionada.

—¡Ahí está!

Mario ni siquiera se había dado cuenta de que había aparecido un símbolo de parada en el borde de la pantalla. Sin dudarlo, hizo clic en él.

—¿Notas algo? —Lisa lo observó atentamente.

Al ver la sonrisa de felicidad en el rostro de Mario, Lisa lo abrazó con fuerza. Mario se sintió tan aliviado de haber revertido el hechizo que no se preguntó por qué la esperada señal había aparecido precisamente en esa imagen. Como consecuencia, no supo que el signo mágico había aparecido porque aquella foto captó un momento en el que los dos niños habían hecho que el tiempo se detuviera. Pero a Mario no le importaba nada de eso. Le bastaba con haber recuperado su propio ritmo. Lo único que quería era vivir el aquí y el ahora con Lisa, tumbarse en la hierba durante horas, disfrutar del aroma de la primavera y soñar con esas aventuras de verano.

Lo que puedes aprender de esta historia:
Hoy es un buen día.

Las apariencias engañan

Eran las 13:44 pm. No había pasado ni un minuto desde que Felipe miró por última vez su nuevo reloj de pulsera de color naranja brillante. El tiempo parecía alargarse como ese chicle con el que practicaba a soplar pompas desde que acabaron las clases. La pompa que soplaba lentamente frente a su cara era enorme. A las 13:45 pm. Felipe pensó que odiaba esperar. Solo había una persona en todo el mundo a la que esperaba de vez en cuando. Y esa persona era Julián, su mejor amigo. A las 13:46 pm la puerta del señor Vergara por fin se abrió.

—¡Disfruta del buen tiempo, Juli! —Felipe oyó la cálida voz de su profesor, que extendió las manos como si pudiera atrapar los dorados rayos de sol que caían sobre el patio del colegio.

—¡Hoy hemos jugado al UNO! Gané siempre, bueno, casi siempre. Al final, dejé que el señor Vergara ganara una vez, pero no se lo digas —dijo Julián emocionado.

Julián se llevó el dedo índice a los labios al mismo tiempo que se limpiaba un poco de saliva de la comisura de su boca con el dedo corazón. Felipe no pudo evitar reírse. Aunque su enfado iba en aumento cada vez que miraba el reloj, había algo en Julián que le hacía olvidar esos pensamientos.

—¿Y esas son clases de apoyo? ¡Casi siempre estáis jugando! Además, ¿a quién le sigue gustando jugar al UNO a nuestra edad? —Felipe sintió que su risa se iba con esos comentarios que no pudo retener en su boca.

Después de que Julián se maravillara con las habilidades de Felipe para mascar chicle y de que este elogiara los últimos éxitos de Julián en la pronunciación de palabras difíciles, los amigos volvieron a casa. Tenían la suerte de ir a la misma clase y vivir en la misma calle.

—¡Chis! ¿Oyes eso? —susurró Felipe justo cuando los amigos estaban a punto despedirse en la puerta de su casa.

Julián no oía nada, pero vio algo. Con paso enérgico se dirigió hacia la casa de su amigo.

—¡Alguien necesita nuestra ayuda! —gritó Felipe, dirigiéndose hacia la ventana del sótano.

Allí había una pequeña gatita que maullaba asustada. Sin dudarlo, Julián introdujo sus pequeñas manos por la rendija de la ventana y liberó a la gata. Felipe enterró su cara llena de orgullo en aquel pelaje color caramelo que ahora llevaba en sus brazos. La gata parecía haber superado el susto y ronroneaba suavemente.

—Me pregunto de dónde vienes —dijo Julián, volviéndose hacia la gatita como si esperara oír una voz felina que le susurrara al oído.

Felipe parecía tener respuesta a esa pregunta. Una mirada de preocupación se asomó a sus ojos sin que pasara desapercibida para su mejor amigo.

—¿Qué pasa? —preguntó Julián.

—¡Es de la bruja! —explicó Felipe en voz baja —. Una vez la vi moverse por aquel seto.

La bruja vivía al final de la calle. Nadie sabía exactamente qué aspecto tenía porque parecía no salir nunca de su vieja y destartalada casa con jardín sin cuidar. Lo único que sabían de aquella mujer era lo que los niños de la clase contaron cuando un día llamaron a su timbre.

—Tiene el pelo tan negro como su alma. ¡Hasta los pájaros anidan en él! Y cuando llamamos a su timbre, nos persiguió con su bastón. Seguro que quería que fuésemos su cena.

La bruja parecía aterradora. Los niños se sintieron intranquilos pensando que tenían que devolverle su gatita, posiblemente herida.

Justo cuando estaban decidiendo si dejar a la gata con la bruja o pedir ayuda al padre de Felipe, que ya llevaba tiempo esperando a que su hijo volviera a la casa, se abrió la puerta principal.

—¡Hablando del rey de Roma! —rió Felipe.

—¡Vaya, qué buena bienvenida! —exclamó su padre, que llevaba una gran bolsa de basura en la mano.

Unos minutos más tarde, los niños ya habían puesto al corriente de la situación al padre de Felipe mientras la gata bebía agua de la mano de Julián.

Con una sensación de malestar en el estómago, los niños se acercaron a aquella vieja casa de madera. La fachada se había ennegrecido debido al viento y a la intemperie. Solo en algunos lugares se asomaban los últimos restos de la pintura verde que un día adornó la casa. Hasta donde eran capaces de recordar, nadie había cambiado o reparado nada en aquella vivienda.

La gatita olfateó con entusiasmo en dirección a la casa desde el brazo de Julián. Lo que a los chicos les parecía una casa destartalada de una mujer posiblemente loca, era un lugar lleno de diversión gatuna. La gatita podía saltar en la profunda hierba y beber de cuencos de leche siempre llenos. Tenía libertad y seguridad en aquel lugar. Las pequeñas ventanas del sótano hacía tiempo ya que no tenían bisagras. Y eso significaba que la gata nunca se quedaría atascada en ellas. Pero los niños no tenían ni idea de la alegría que invadía a la gatita al ver su casa. Ellos solo sentían que sus rodillas temblaban al acercarse a aquella puerta de madera, que traqueteaba suavemente con el viento de verano.

Entonces, tocaron el timbre. La chirriante puerta se abrió de un tirón con tanta fuerza que se estrelló contra la pared. Asustados, Felipe y Julián retrocedieron dos pasos.

—¿Qué hacéis aquí? —preguntó la mujer, sujetando con fuerza su bastón como si fuera a levantarlo en cualquier momento.

Sus ojos se posaron primero en el padre de Felipe, al que examinó brevemente de arriba abajo. El hombre llevaba gafas, barba de tres días y era bastante más bajo que ella. No estaba segura de si alguna vez había visto a ese hombre. No se fijaba nunca en la cara de la gente. Después, se fijó en Felipe, en su pelo castaño y ojos marrones. Calculó que aquel niño debía tener entre diez y doce años. A ella todos los niños le parecían iguales y no le gustaba que perturbaran su querida paz a la hora de comer. Su mirada se detuvo en Julián un rato más. Parecía que intentaba adivinar qué era lo que hacía que su cara, y sobre todo sus ojos, parecieran tan diferentes a los de los demás niños que había echado de su propiedad. Solo cuando vio a la gatita en sus brazos, lanzó una mirada de alivio, casi cariñosa. La expresión de la cara de la mujer, por lo general dura, cambió a enfado.

—¿De dónde habéis sacado a mi Luna? —susurró a los niños.

—¡La hemos salvado! Estaba atrapada —dijo Julián con orgullo sin dejarse intimidar por la mirada de la mujer.

El niño dio un paso adelante y colocó a la gatita a los pies de su dueña. Entonces, Felipe también dio un paso adelante. Sabía que si su amigo confiaba en aquella mujer, era porque algo se escondía tras esa brusca actitud. Felipe todavía no sabía lo que era, pero sabía que su amigo lo podía adivinar. A menudo, Felipe se preguntaba cómo sabía Julián si una persona era buena o no y si podía confiar en ella.

—Los niños encontraron a la gata atrapada en la ventana de nuestro sótano y la rescataron —explicó el padre de Felipe un tanto molesto y sin prestar demasiada atención a la mujer—. Eso es lo que intentaba explicarle Juli.

A Felipe no le gustaba que los adultos hablaran de "los niños" como si ellos fueran incapaces de hablar por sí mismos. Tartamudeando, Julián intentó mantener algún tipo de conversación con la mujer.

—Quizás haya que examinar a la gata. Podría darle el teléfono de un buen veterinario.

—No necesito un veterinario. Nunca he necesitado uno. Yo curo a mis animales —respondió la mujer secamente.

—¿También eres veterinaria? —preguntó el padre de Felipe.

—No.

Hubo un breve e incómodo silencio.

—¿Luna sigue siendo un bebé? —interrumpió Julián.

La mujer se agachó y acarició a la pequeña gatita con ternura, pasando su mano por las piernas del animal.

—Sí, mi pequeña Luna nació durante la última luna llena —contestó la mujer en voz baja con una expresión en su rostro que podría interpretarse como una sonrisa.

—Me gusta la luna llena. En mi habitación puedo verla desde la cama —dijo Julián, con una sonrisa en la cara.

El niño había conseguido relajar una situación tensa. "Tu nombre te sienta bien. Juli, tan soleado como un día de verano en julio", había comentado oportunamente el señor Vergara en una ocasión.

Poco después, los tres se dirigieron a casa.

—Una mujer sorprendente. ¡Me he dejado la cocina encendida! —exclamó en voz alta el padre de Felipe mientras corría lo más rápidamente que sus cortas piernas le permitían.

Felipe y Julián se quedaron frente a la casa. Había algo misterioso en aquella mujer. Impulsados por su curiosidad, los niños giraron la esquina que daba a la parte trasera de la casa y miraron a través del seto que crecía alrededor de la propiedad. Entonces, observaron una imagen que no habrían esperado ni por asomo. La mujer que acababa de saludarles tan amenazadoramente se movía entre gallinas al ritmo de la música clásica que sonaba en un viejo tocadiscos. Con su bastón, apartaba cuidadosamente la maleza y los arbustos de su "pista de baile".

—¿De verdad se acaba de disculpar con una planta? —preguntó Julián incrédulo.

—¡Claro que sí! Se disculpó con la planta que pisó —murmuró Felipe, sorprendido y cautivado a partes iguales.

Y, entonces, un burro apareció en escena. La mujer lo acarició antes de continuar su camino hacia la casa a través de la torcida puerta del patio.

—¡Nadie nos creerá! —susurró Felipe a su amigo.

Y Felipe tenía razón. Cuando a la hora de comer Julián contó su historia en casa, su padre casi se atraganta con una patata.

—¿Se supone que la vieja señora Hernández estaba bailando? ¿Con un burro en la casa? ¿Y qué más? ¿Gallinas que ríen?

Sin embargo, al padre de Julián le picó la curiosidad y a la tarde siguiente acompañó a los chicos. Los niños querían visitar a su nueva amiga Luna después de clase, como habían acordado el día anterior con la señora Hernández. Cuando la mujer abrió la puerta, su mirada parecía menos dura, aunque seguía siendo indiferente.

Felipe, Julián y su padre la siguieron por la casa. Los niños no salían de su asombro. Las verdes plantas se enredaban en las mesas, estanterías y armarios. En un rincón de la habitación había un sofá verde, tapizado y curvo, frente al cual había un viejo troco de árbol a modo de mesilla. La mesa también debía ser de madera, como revelaban sus patas, pero no se veía ni un centímetro de su superficie cubierta de libros, macetas y numerosas cajas diminutas. El fuego de la chimenea desprendía un acogedor calor que agradaba visiblemente al burro, tumbado junto a ella. En la chimenea había una tetera que comenzaba a silbar con fuerza. La mujer vertió agua hirviendo en un cuenco en el que había puesto, como no podía ser de otra manera, varias hierbas de su jardín. Luego, sumergió una venda en aquella mezcla y la envolvió alrededor del vientre de Luna.

—Es para los moratones —murmuró, como si eso fuera explicación suficiente.

Poco a poco, a Julián y a Felipe les empezó a gustar la mujer. A pesar de su seriedad, había algo en ella que les impresionaba. Los niños decidieron ir a visitar a la señora Hernández casi todos los días después de la escuela. La expresión indiferente de la mujer dio paso a una sonrisa cuando les abría la puerta. A los niños les encantaba sentarse en el jardín entre las alborotadoras gallinas, los gatos y los perros y el burro, comiendo bocadillos con la señora Hernández.

—Bocadillos sin salchichas, por supuesto. Yo no me como a mis amigos —explicó la anciana con toda naturalidad.

Con el tiempo, la mujer enseñó a los niños muchas cosas. Así, aprendieron a limar las pezuñas de un burro, a reconocer qué setas son comestibles y cuáles venenosas, y un largo etcétera. Pero, sobre todo, Julián y Felipe aprendieron una cosa muy importante. Aprendiendo a dar una segunda oportunidad. No importa si se trata de una hierba espinosa tras la cual se esconden poderes curativos o de una persona a la que se ha juzgado sin conocerla. Y, sin saberlo, los niños le enseñaron a la mujer que todo el mundo no es igual. A pesar de todos aquellos que la habían herido, molestado o no la tomaron en serio, la mujer aprendió a abrir la puerta de su corazón y dejar que los niños entraran en su vida.

Lo que puedes aprender de esta historia:

Abrirte a los demás y sentir curiosidad te mostrará nuevos mundos.

Tu apertura de mente y curiosidad te mostrarán nuevos mundos.

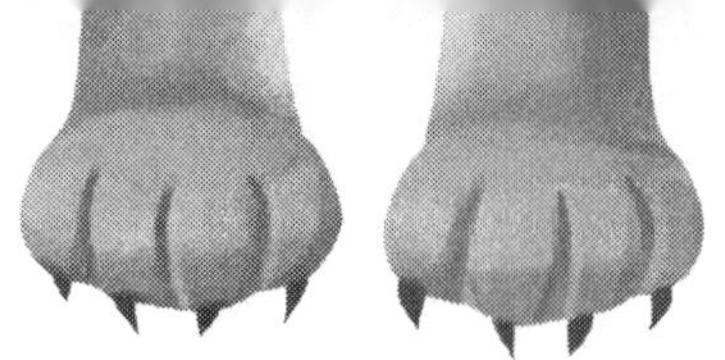

Epílogo

Has llegado al final de este libro. Ya has conocido a Leo, Emilia, Nicolás, Estrella, Julián y compañía. ¿Has notado cómo, poco a poco, ha aparecido en ellos la fuerza de su tigre interior? Al igual que un tigre que merodea silenciosamente entre la maleza, esa fuerza no suele revelarse con mucho ruido. A veces, incluso te pasa como a Alicia y te cuesta descubrir tus propios puntos fuertes. Si ese es tu caso, tu tigre interior puede camuflarse especialmente bien. Pero siempre merece la pena darle una segunda oportunidad. Ese tigre se esconde en alguna parte y un día te das cuenta de que lo que dabas por sentado puede no ser real. Tu talento tal vez sea escuchar o dar buenos consejos, o resolver disputas, o encontrar soluciones, o pensar de forma diferente, o contagiar buen humor o, simplemente, estar ahí cuando alguien te necesita.

Esa segunda oportunidad tiene el mismo valor cuando se trata de personas. Tal vez la misteriosa anciana de la casa un poco destartalada al final de la calle no sea una bruja loca, sino una cariñosa cuidadora de animales. Tal vez el chico que llama al timbre a la hora de comer no sea un descarado, sino un valiente rescatador de animales. Tal vez la mentira no nazca de la malicia, sino del miedo. Quizá tu sueño no sea solo un sueño, sino el comienzo de algo realmente grande.

Seguramente, ahora pondrás este libro en una estantería o lo dejarás sobre tu escritorio durante un tiempo, entre las cosas del colegio que se van acumulando poco a poco, o desaparecerá en algún hueco. Sea como sea, espero que guardes buenos recuerdos de estas historias. Tal vez, de vez en cuando te acuerdes de ellas y te cuestiones cosas, tengas grandes sueños y planes o te mantengas firme en tus ideales. Te deseo mucha diversión en tu propio viaje más allá de tu horizonte. ¡El tigre que llevas dentro te acompañará!

Made in the USA
Coppell, TX
29 September 2022

83759463R00085